रज़ा
पुस्तक माला

मैजिक मुहल्ला

खण्ड-दो

रज़ा फाउण्डेशन | THE RAZA FOUNDATION

मैजिक मुहल्ला

खण्ड-दो

दिलीप चित्रे

अनुवाद

तुषार धवल

वाणी प्रकाशन

रज़ा पुस्तक माला : काव्यानुवाद

प्रधान सम्पादक : अशोक वाजपेयी | सम्पादक : पीयूष दईया

वाणी प्रकाशन और रज़ा फाउण्डेशन का सह-प्रकाशन

वाणी प्रकाशन

4695, 21-ए, दरियागंज, नयी दिल्ली 110 002

फ़ोन : +91 11 23273167 फ़ैक्स : +91 11 23275710

शाखाएँ

अशोक राजपथ, पटना 800 004, बिहार

कॉफ़ी हाउस कैम्पस, महात्मा गांधी मार्ग, इलाहाबाद 211 001, उत्तर प्रदेश

महात्मा गांधी अन्तरराष्ट्रीय हिन्दी विश्वविद्यालय, वर्धा 442 001, महाराष्ट्र

सुल्तानिया रोड, मोतिया पार्क, भोपाल 462 001, मध्य प्रदेश

www.vaniprakashan.in

marketing@vaniprakashan.in

sales@vaniprakashan.in

MAGIC MUHALLAA-2
by Dilip Chitre
Translated by Tushar Dhawal

ISBN : 978-93-88684-51-4
Poetry

प्रथम संस्करण 2019

मूल्य : ₹ 695

सिटी प्रेस, दिल्ली-110 095 में मुद्रित

वाणी प्रकाशन का लोगो मक़बूल फ़िदा हुसेन की कूची से

अनुक्रम

धैवत

निषाद

जुलाई 1956

('जुलाय 1956'; एकूण कविता 3, पृ. 602)

1.

यहाँ और अभी...
इस सघन अँधेरे में मेरी हर तरफ़ प्रलय जुट रहा है
तुम्हारी सुगन्ध का। भविष्य सहित खिलेगा आने वाला कल।
पर आज तुम मुझमें हो, सहन करती हुई
मेरे पहले सौन्दर्य और मेरी आत्मनिष्ठुरता को।
मृत्यु से भी निश्चित हैं आज मेरे होंठ तुम जिसका चुम्बन
फूलों के पक कर
झरने में उगेगा तुम्हारा ही अवकाश रहस्य।
...कितने कितने रूप सरकते हैं तुम्हारी आँखों में
अस्तप्राय दर्पण में, जहाँ सूर्य डूबता है...
प्रत्येक तुम्हारी हलचल में वह लय है मृत्युमयी
बहती जाने वाली, आच्छादित कुसुमित सन्ध्या के सरोवर में

2.

डूबती जाओ; डूबती जाओ; डूबती जाओ। इस घनान्धवेला में। अपने रक्त में
भ्रमरों के आषाढ़ के पसरते जाने में। वेदना के मोह में फँसी
तुम्हारी आकाश व्यापी क्षुद्रता मुझे चाहिए; डूबती जाओ।
मुझमें ही यह हद पार हो! इन मेघपर्णों के अनुपम वस्त्रों से झर-झर झरती
जिस क्षण में तुम बिखरोगी क्षणिक मृत्यु के बेकाबू अँधेरे में,
सिर्फ़ तुम्हारी झरी पंखुड़ी रह जायेगी मेरे बाहुओं में।
राख हो या पिघल जाओ मेरी सूर्यार्द्र रात्रि में।
फलित ऋतु की अन्तिम शय्या पर। 'आओ' कहता हूँ,
'सिर्फ़ एक बार और पूरी तरह'।

3.

और मैं देखता हूँ पशु या ईश्वर की तरह
जिसकी आँखों की सत्ता है अभी यहाँ और इस वक़्त :
तुम्हारी आँखों के डोरे अनन्त में गुँथे हुए संवेदना के नक्षत्रों के साथ।
अपना निर्वाण अपनी शान्ति मैंने बेच दिया है, क्षण-क्षण में निरर्थक होने वाली

तुम्हारी इस एक मुस्कान के लिए; डूबती जाओ और हथेलियों की
नाज़ुक रेखाओं में गूँथ डालो मेरा तुम्हारा जीवन।
अतर्क्य अपने सम्बन्ध पर लगाने दो आँखों की मुहर
अन्धेपन की। शव-पस्त होने के पहले क्षण का...

4.
तुम्हारी आँखों के
उस पार क्या है? ...लहरें? ...या जमी हुई चाँदनी, हिमशुभ्र?
संगीत निःस्वरता का? मरणेन्द्रियों का आवाहन करने वाला क्रूर दैवी अर्थ?
मैं समझ नहीं पाता, जान नहीं पाता, मुझे समझ आयेगा ही नहीं
पर तभी तो तुम मेरी हो, मुझसे ही, मेरे बिना।
काल का चित्रबन्ध, विचित्रबन्ध, चित्र-विचित्र-बन्ध। किसने फेंका
अभिमंत्रित सतरंगी पासे जीवन्मृत शरीर के चौसर पर?

5.
...यह प्रकाश देखा था तुमने? नहीं? तो फिर किसलिए
लेकर गयी थी अपने मांस का अँधेरा नैवेद्य? मेरे लिए
रात के कटोरे में अभी भी दिन की झाग है। दहकती दरार
बुझ चुकी है तब भी। सधे हाथों से लीपकर आँगन
पाप का, झरे जहाँ पारिजात ओस की आँखों से। हम बने
पृथ्वी के गाल पर ईश्वरीय चुम्बन। टपका रक्त रति की आँखों से।

6.
जुलाई की आँखों में धूप उतरती है बीच-बीच में, धीरे से
झाँकती हैं आँखें बारिश की मिटी हुई अबोली तन्द्रा से
मैंने पूछा है तुम्हें। तुम्हें आधार बनाया है, क्योंकि
तुम्हारे बिना मैं असम्बद्ध हूँ या सूर्यबद्ध।
...'रिल्के' की कविता...निश्चलता के बीज...
निराकार का मधुर रस...निष्फलता की फाँकें सुगढ़ प्याले पर...
पहला नाश्ता...! लड़की! तुम्हारा पागलपन मेरा दिल दहलाता है।
कान पर खटखटाती है तुम्हारी पुकार। मेरी शान्ति
आवाज़ों से भी ज़्यादा कर्कश हो जाती है। तूने ही दी है
मेरी मुट्ठी में अपनी माटी, अन्तिम मिट्टी देने के बाद
जहाँ तुलसी की देखती मंजरियों से ढँक जायेगा
मेरे जीवन का वैष्णवगान...चिता की राख।

7.
जुलाई उन्नीस सौ छप्पन! अर्थहीन शब्द। काल विभ्रम के
अनन्त सन्दर्भ में

पर मुझे याद रहेगा मेरी साँसों के बह जाने पर भी प्रलय में :
तुम ही मेरी पहली बलि थीं, पहला साक्षात्कार।
मेरी निर्जनता के पहले कौर का तुमने ही लिया था पहला स्वाद।
पंछियों सी देह में निष्ठुरता भरने वाली अग्नि कोमल उँगलियाँ
सतत थरथराती उगीं अभौतिक गीतों में। डूबती जाओ;
पिघलती जाओ; मेरे लिए; मुझमें; इसी तरह सुनो ना!
...यहाँ ठहरते हैं शब्द; पलकों के तट पर, बारिश के काजल
आँजकर लदे हुए सम्मोहित।

8.

आख़िरी शाम की यह माँग, निस्तेज नारायण!
हमारे शव को रात्रि का आशीर्वाद दो, इसके बाद।
खिल उठने दो प्रत्येक प्रेरणा के मुरझाये दिगन्तर। और तुम भी
डूबते जाओ; फिर नहीं उगने के लिए।

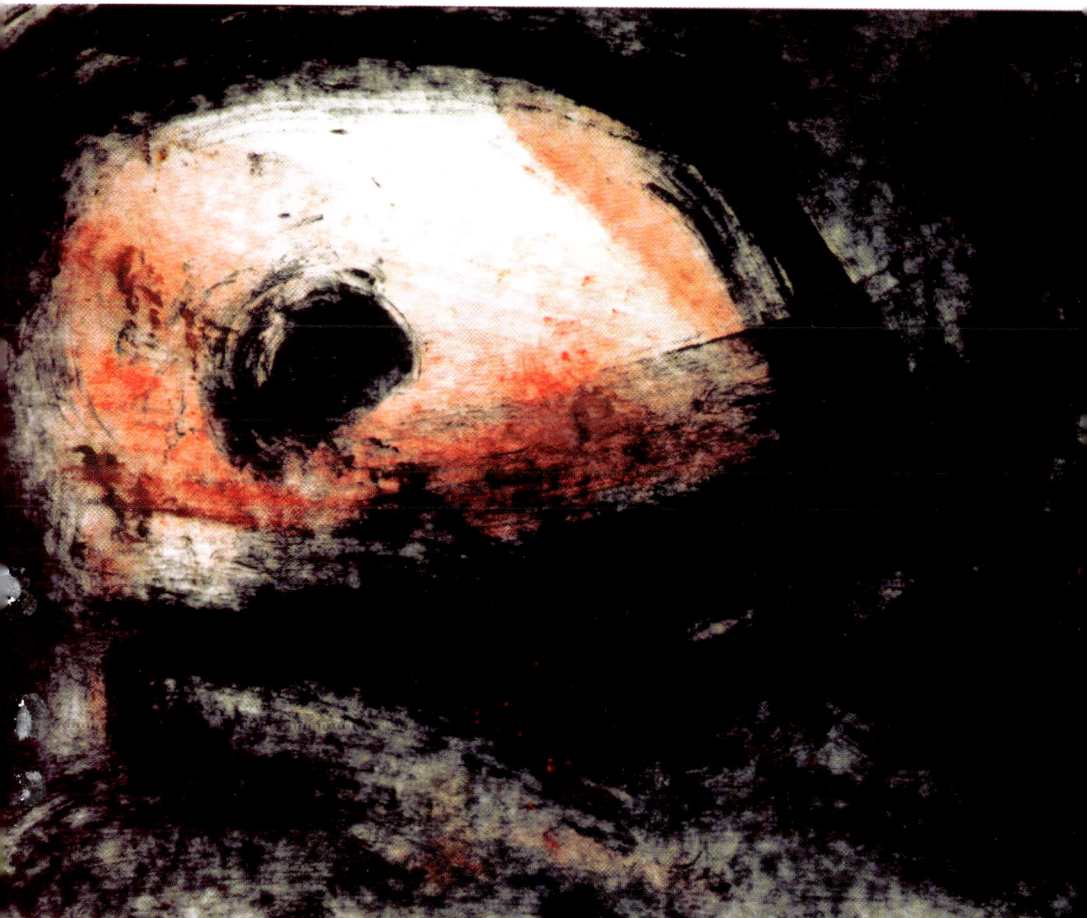

भोपाल 1984

भोपाल 1984

('मैजिक मुहल्ला'; एकूण कविता 1, पृ. 209)

रहमान, सलमा और मैं
दुनिया के तीन छोर
तब भी एक त्रिकोण

या अल्लाह! परवरदिगार!
तेरा कोई छोर नहीं
तू सबका बाप

रहमान, सलमा और मैं
अम्बर धरती और बरसात
तब भी एक ही अर्थ

या अल्लाह! परवरदिगार!
कयामत तक
तेरे करिश्मे बेमानी हैं
रहमान भी नहीं
सलमा भी नहीं
सिर्फ़ मैं ही हूँ

या अल्लाह! परवरदिगार!
यह जग निरुत्तर है

रहमान तूने बहुत देर कर दी

रहमान तूने बहुत देर कर दी
नहीं, अब्बाजान, आपके सिरहाने ही तो था
कुरान पढ़ता हुआ

मेरी सारी बकरियाँ कहाँ चली गयीं?
वो काली, वो सफ़ेद वाली?
नहीं, अब्बजान, यह रमजान है

रहमान, देखो मेरे रोजे के सभी दिन उड़े जा रहे हैं
देवदूतों की पोशाक पहने बादलों की तरह
नहीं अब्बाजान, मातम की घड़ी अभी टली नहीं है

रहमान, रहमान, अल्ला का कोई रंग नहीं
हम सिर्फ़ सुन सकते हैं उसका अन्तरंग
हाँ, अब्बाजान, मैं अल्लाह ही हूँ

रहमान, सलमा और मैं

रहमान, सलमा और मैं
सलमा मेरे साथ चोरी छिपे सोती थी
वह कबूतर उड़ाती हुई पतंग उड़ाती थी

जबकि रहमान, दूर से ही
उसे देखता हुआ, पूछता था मुझसे
यार! इश्क़ कैसा होता है?
मुहब्बत क्या होती है?
दोस्त! तुम्हें समझ आता है प्यार?

मैं नहीं जानता था कुछ भी
मैं जानता था सिर्फ़ सलमा के मुँह का द्वार
उसके दोनों गालों के गड्ढे
उसकी हाँ-ना करती शोख नाक
उसकी घुमावदार गर्दन
उसकी ठोढ़ी के नीचे का तिल

उपमा उत्प्रेक्षा यमक अनुप्रास
प्रतीक प्रतिमा श्लेष ध्वनि
वृत्त छन्द मुझे कुछ नहीं मालूम था
मैं नहीं था सूफ़ी फ़रिश्ता फ़कीर
मैं नहीं था पीर या अफलातून
सलमा के संग मैं था मासूम
उसकी शादी के बाद मैं फूट फूट कर
रोया एक वार और रहमान ने मेरे कन्धे पर हाथ रखकर
फुसफुसाया, सब समझता हूँ दोस्त

सलमा की नीली सलवार

सलमा की नीली सलवार का
तरबेज रेशमी नाड़ा
गेहुआँ जाँघों को खोलते ही
नक्षत्र सा चमकता
उसकी ठोढ़ी के नीचे का तिल

छत के नीचे बाज़ार में
इतना आकाश कि समा न पाये
उसकी अधमुँदी आँखों में
शान्ति के मौन मुहल्ले
गालों में ठूँसे हुए रसगुल्ले

जब सलमा की शादी हो रही थी
मैं छत से देखता रहा शामियाना
गहरे अतल में बना हुआ
अम्मीजान की क़ब्र जैसा
स्तब्ध बयान देता हुआ

मैं शायर होता तो
हल्का लगा होता मेरा सुख
मेरे दुखों के बोझ से
मैं इस तरह लुढ़क नहीं जाता
इन ग़ालिबनुमा गलीचों पर

ख़ुशबू का बाग़ीचा

ज़ैबुन्निसा को भोगने का जो मज़ा था
वो शादी की औरत से नहीं मिल सकता था
कह सकते हैं कि हाँ वह बदचलन औरत थी
लेकिन उसे देख कर सलमा का ख़याल आता था

औरत तुम्हारा खेत है उसे जैसा चाहो जोत लो
ठीक है, पर इस खेत में फ़सल नहीं होती
या अल्ला इस गेहूँ के दाने पर
मेरा भविष्य मिट गया है

ज़ैबुन्निसा पटापट मुझे चूमती थी
पान रंगे मुँह से

और शराब के नशे में मैं
बेशर्म सो जाता उसकी शर्मगाह में

सारा कोठा मुझ पर हँसता था
कहता वाह रे शायर
लगता है इसकी माँ बहन थी ही नहीं
और पता नहीं है इसको प्रेमिका का स्वाद

सभी औरतें बुरखे के भीतर से बुरखे तक
घुट घुट कर मर गयीं और
उनकी क़ब्र की जगह पर बादशाह ने
सात मंज़िला हरम बनवाया

जब मुमताज बी का इन्तेकाल हुआ

जब मुमताज बी का इन्तेकाल हुआ
घर में कोई नहीं था
मैं छत पर पतंग उड़ा रहा था

फिर नीचे से रोना फूट पड़ा
मेरी भी पतंग कट गयी
मैं रोया पतंग कटे धागे की तरह

अगले साल मेरे माँजे में
आया हज़ार घोड़ों का ज़ोर
हसन मियाँ का तबादला हो गया

उस्मान को किसी ने चाकू से मार डाला
मोहल्ले की विधवाएँ जमा हुईं
और बैठी मर्सिया सुनती रहीं चौक पर

बड़े मियाँ ने कहा यही इम्तेहान का वक़्त है
लड़की विदा होने से पहले विदा हो गयी
और तेरा भाई अपनी बीवी छोड़ कर चला गया

सिर्फ़ ये कि चूना लगे सफ़ेद मस्जिदों पर
उड़ते हुए बगूले अब कभी नज़र नहीं आयेंगे

कोने पर की बेकरी में आधी रात को

कोने पर की बेकरी में आधी रात को
जब डबल रोटी और बटर बिस्किट बेक की जा रही है
मुझे याद आता है बचपन का वो रहमान
और मेरे साथ कैरम खेलतीं
अस्मत की चमकती आँखें

कोने पर की बेकरी में आधी रात को
जब डबल रोटी और बटर बिस्किट बेक की जा रही है
मैं कमरे में अकेला बैठा शराब पी रहा हूँ
सामने पड़े हैं कलेजी फ्राय के ठण्डे टुकड़े
सारे फ्रेंड गल्फ चले गये

कोने पर की बेकरी में आधी रात को
जब डबल रोटी और बटर बिस्किट बेक की जा रही है
मेरे पड़ोसी पठान की बीवी सीधा मेरे कमरे में आती है
दरवाज़ा बन्द कर मेरी तरफ़ पीठ फेर कर खड़ी हो जाती है
मैं कहता हूँ किसी और के पास जाओ भाभी

डबल रोटी के स्पंज की तरह होते ही मेरे एकान्त में
फुँफकार उठती है पूरी बिल्डिंग की महक

सलमा-2

यादों सा खिला और रोशन उसका चेहरा
गरदन झटकने की बेदाग अदा
आबरूदार उसके मुँह से फूटती
चोरी करती हुई सी मुस्कान
ख़ुशबू जितना मुलायम बुरखा

अल्ला! अल्ला! कहती आँखें
अभी भी बुझती नहीं हैं रात भर
गुनगुनाते हैं साँसों के भ्रमर
तुम्हारी देह के स्मरण पर
पैरों के तलवों से ऊपर तक लेता हूँ चुम्बन

सलमा तुम्हारी चुन्नी के नखरे
या दहक जगाते तुम्हारे होंठ
लाल कर देते हैं मेरे कान
धधका देते हैं पेट के नीचे के पिरामिड
और दिमाग़ में बसे दिव्य म्यूज़ियम को

अभी भी वही अँधेरा है, सलमा
उसी दिन के बुरखे में

सलमा-3

जैसे गर्मियों की पूर्णिमा
लाखों सितारों संग
एक ही आँख में उड़ेल दी जाये, वैसे ही
मेरी दो आँखों में डूबे हुए हैं
लहरों पर तैरते घड़ों से
तुम्हारे रहस्यमय होते स्तन

रात भर मैं सिर्फ़ एक तालाब था
तुम्हें किनारे की रोशनी की तरह देखता हुआ
और सलमा, तुम तब
सिर्फ़ सीख रही होती थीं शृंगार
मैं नहीं भर्तृहरि, ग़ालिब, बॉदलेअर नहीं
मैं नहीं शेक्सपियर या कालिदास
अब भी मुझे महसूस होता है
वह आवेग उमड़ता हुआ और उदास
सॅटिन के लहँगे के बाहर का अनन्त काल
अनन्त काल के बाहर उघरे पैर

सलामत रहो, सलमा
सलामत रहो, सलमा

सलमा-4

सलमा आज चुपके से घर आयेगी
तभी तो यह दोपहर कितनी स्तब्ध है
पेड़ों के पत्ते भी चुप्पी पाल रहे हैं

उसके होंठों से खुलेगा यह दरवाज़ा
तभी तो मैं शुरू से ही बेहोश हूँ
तभी तो मैं एकदम ही खामोश हूँ

मृत्यु की अटलता सी आयेगी सलमा
धूप का शरारा पहन गरम झोंके की तरह
क़ब्र पर लगी सब्जा की तरह
आहाते से लगी हिना की तरह

सलमा दूर हटाती आयेगी झाड़ियों को पर्दे की तरह
सलमा ले आयेगी अल्ला के घर के झरने
सलमा खोलेगी मुट्ठी और उड़ा देगी
उसमें बन्द हवा को जो उसकी उँगली सी कोमल है

सलमा आज घर आयेगी कि जैसे ये जगजाहिर है
तभी तो यह दोपहर कितनी स्तब्ध है

सलमा-5

सच, सलमा
जन्नत में मुझे ज़रा भी विश्वास होता
तब भी कयामत तक
मैं तुम्हारा इन्तज़ार करता

तुम उस पल का सच थीं
तुम उस वक़्त का बहाव थीं
वह जिसके हाथों में तुम एक बाण थीं
वह ख़ुद अपना ही तीरन्दाज़ है

सच, सलमा
मुझे जहन्नुम का तजुर्बा नहीं होता तब भी
मैं उतना ही आतुर होता
जितना तबले के बायाँ पर पड़ने को तबलची के हाथ

सलमा-6

वह कैसी थी
कभी जानने नहीं दूँगा यह तुम्हें
उसे रखूँगा
हवा की तरह
रहस्यमय

सलमा-7

अब मस्जिदों की सिर्फ़ छायाकृति बची हुई है
आख़िरी नमाज़ अदा की जा चुकी है
कैसे कहा जाये अब
कि रात शुरू हो रही है या दिन?

रात सलमा से शुरू होती है
दिन सलमा की तरह ख़त्म होने पर
न इश्क़ रहता है न मुहब्बत
जब उसकी चाँदनी बिखरने लगती है

मेरे जीने पर
लग चुकी है कयामत की मुहर

झूठ बोलने का फ़ैसला कर चुकने के बाद भी

झूठ बोलने का फ़ैसला कर चुकने के बाद
लोग सिर्फ़ सच ही बोल पाते हैं
रहमान ने कहा

मैंने कहा
झूठ सच सब रहने दो
लोग सिर्फ़ बोलते हैं

और उन लोगों का क्या जो बोलते ही नहीं
...रहमान ने पूछा
...वे क्या कहते हैं?

मैंने कहा
तुम धर्म जानते हो, रहमान
मैं कुछ भी नहीं कहता

शहर में जैसे मुहल्ला

शहर में जैसे मुहल्ला
मुहल्ले में जैसे मकान
मकानों में जैसे खल्वत
वैसे ही दुनिया भर में हम

सभी धर्म ख़त्म होने के बाद
धर्म शुरू होने से पहले
अल्ला का अलौकिक मौन
झरने की कल्पना जैसा

प्रलय की प्रत्याशा सी
हमारी अन्धाधुन्ध भाषा
एक अन्तिम विचार
समस्त ज्ञान से गँदलाया हुआ

सलमा की हँसी
तूफ़ानों में चमकती बिजली
रहमान की निष्ठा
रिक्त भूगोल

सिर्फ़ मेरे ही प्राण
सिर्फ़ मेरी ही मौत
यहीं मेरी खल्वत
यहीं मेरी जल्वत

सिर्फ़ मेरा ही शरीर
सिर्फ़ मेरा ही भोग
सिर्फ़ मेरा ही विचार
गुप्त और ज़ाहिर

मैंने कौन-सी अफ़ीम खा ली है

मैंने कौन-सी अफ़ीम खा ली है
रहमान कहता
अपनी इस नक़्श-ए-ख़याली को रोको
और कहीं से भी आ रही
रोशनी की किसी भी किरण को
स्तब्ध होकर देखते रहो

शहर में दंगे
मुहल्ले में सन्नाटा
या मुहल्ले में शोरशराबा
और शहर भर में चमचमाती रोशनी
बाज़ार-ए-हुस्न में बिकने आयी हुईं कुमारियाँ
यह दुनिया अब ढह रही है
रहमान कहता
ढहते-ढहते नयी हो रही है
नयी होकर फिर ढह रही है
मुद्दा अगर है तो
सिर्फ़ हमारे दिल में

मैं कहता
तुम्हारी हर बात सच मान लूँ
तो भी रहमान
अल्ला मियाँ ने सलमा को
किसलिए बनाया
यह मैं कैसे भूल जाऊँ?

रहमान कहता
सूई की नोक जितनी रोशनी में ही
सुख मिलता है
दुःख मिलता है
सूई की नोक जितने अँधेरे में ही

और यह इसलिए कि
सूई की नोक जितना ही है हमारा जन्म

बाद में रहमान की दोनों आँखें चली गयीं
तब भी वह कहता
दृष्टि दिन की तरह आती है
दृष्टि दिन की तरह जाती है
उसकी आदत ना पड़े
अँधेरे की तरह

कयामत के दिन की तरह
मुझे सब साफ़ नज़र आता है
अल्ला ने सब पर हाथ फेर दिया हो जैसे

रामपुरी छुरे के साथ आया हुआ हत्यारा

रामपुरी छुरे के साथ आया हुआ हत्यारा
चौथी कक्षा का दोस्त निकलता है
तो रहमान उससे शान्त भाव से कहता है
मैंने पहले ही पहचान लिया था तुम्हें

ऐसा है सीन नम्बर बयालीस का अर्थ
बाग में रात के सीन का पहला लाँग शॉट
एक लाइट सिर्फ़ कोने में फ्रेम किये गये बेंच पर
बाद में चाकू पकड़े हुए हाथों का प्रचण्ड क्लोज अप

रहमान अख़बार को तह कर के रख देता है
चश्मे से देखता है हत्यारे बाल मित्र की तरफ़
रोजी रोटी के लिए बदनाम हुआ
ब्लैक में टिकट बेचने वाला आदमी

तुम पुलिसवालों के बन गये हम रोजी रोटी के लिए
बेकार में सड़ गये इस मनहूस लाइन में
आजकल बॉस भी बोर हो गया है साला
और ज़बान तो किसी की भी सीधी नहीं रही

रहमान का स्वगत कथन

पैगम्बर एक है जैसे अल्लाह भी
रेगिस्तान में हृदय जितना ओएसिस
हाथों तले हरियाली
वरदहस्त और मस्तक
अस्तित्व जहन्नुम से जन्नत तक
एक ही नियम का इन्द्रधनुष

आदमी मूलतः काफिर है
बुतखाना है जिसका बोध
मेरे अन्धेपन में है
परवरदिगार और काबा

इतना सा विरह तुमसे सहा नहीं जाता
और दोस्त, तुम्हारा नाम है इरशाद
तुम्हारी प्रेमिका का नाम सलमा
और गाँव का मोहब्बत?

याऽल्ला! परवरदिगार!
मैं तो अन्धा हूँ
सिर्फ़ तुम्हें देखने वाला
और इन आँख वालों की आँखें
एक-दूसरे में ही खो गयी हैं!

रहमान : नुज़ूल-ए-वाही

(पैग़म्बर को ख़ुदा का पैगाम)

गली में बिखरे हुए हैं शीशों के टुकड़े
ईंट पत्थर
अलकतरे पर जमे ख़ून के
बदरंग होते धब्बे
हवा में एक जली हुई महक है

जनाज़ों को गुज़रे कुछ वक़्त हो गया है
घरों के खिड़की दरवाज़े अब भी बन्द हैं
जो भी ख़ून-ओ-फ़साद यहाँ से गुजरा है
रहेगा दर्ज किसी के दिल में
किसी के दिमाग़ में
और किसी की साँसों के चलने में

काले चश्मे पहना स्मगलर आया था
मर्सिडीज़ गाड़ी में
उसके चार बॉडीगार्ड थे
उसके पास विदेशी कॉल्ट पिस्तौल थी
उसने सूटकेस खोला और पैसे बाँट दिया
पच्चीस हज़ार हर उस घर में
जहाँ मौत हुई थी
और उसने कहा
किसी ने बेटा खोया, किसी ने बाप
किसी ने चाचा, किसी ने भतीजा
वे मारे गये इस जिहाद में
और अल्ला के प्यारे बन कर
सीधा जन्नत चले गये

रहमान ने कहा
मैं अन्धा हूँ
मुझे दंगे-फ़साद नहीं दीखते

नहीं समझ सकता ख़ून-खराबा
मुझे सिर्फ़ सुनाई पड़ता है माँ का रोना, बाप का बेतहाशा खाँसना
बीवी की बेबस रुलाई
उसके मासूम बच्चे की
खिलती हँसी

तुम लोग कौन हो?
हमारे घरों में हुई मौतों से तुम दुखी
कैसे हो?
और कैसे हर लाश की कीमत
एकदम पच्चीस हज़ार ही है?
अब अनवर मियाँ को ही लो
उनकी हँसी सोने की हज़ारों दीनार सी खनकती हुई
गूँज जाती थी
और मुशीर की आँखों में
कोहिनूर की चमक थी

स्मगलर ने पूछा
कौन हो आप?
यह तो हमारे लोग थे
जो मारे गये
और जिसे काटा गया है
वह था हमारे कलेजे का टुकड़ा
क्या आप हमारा दर्द
समझ नहीं सकते
और यह तो हमारा फर्ज़ है
जिसे अदा कर रहे हैं

याऽल्ला! परवरदिगार!
रहमान ने कहा
तुमने मेरी आँखें छीन लीं
यह कृपा किया
अब इनको रोशनी दे दो

अल्-हम्दुलि'ल्लह
अल्-हम्दुलि'ल्लह
इल्ल'ल्लह!
अल्लहा-ओ-अकबर!
नूर-ए-मुजस्सम

दंगे

मजहबी दंगे। दंगे और फ़साद। लूट और आगजनी।
रहमान कहता था कि अब कोई फ़र्क़ नहीं
दारुल इस्लाम या दारुल हर्ब में
धर्म सिर्फ़ स्मगलर और गैंगस्टर का ही है
बाक़ी हम सब बाहर निकाल दिये गये हैं
अल्ला की छतरी तले छतरी रिपेयर करने वाले
नानखटाई बनाने वाले, फ़र्नीचर बेचनेवाले
ग़ज़ल गाने वाले कलेजी तलने वाले
मुहल्ले के मुहल्लों में घुटने वाले
कैरम या शतरंज खेलने वाले
इतिहास ऐसे ही बीत जायेगा दोस्त
वे जो गोश्त खाते हैं वे भी सब्ज़ी खायेंगे

घर-द्वार में तो पहले से ही आग लग चुकी है
इस कबाड़खाने में कैसे कायम रहेगा इस्लाम
हम इंसान नहीं महज़ आईने हैं
रिश्ते नाते, निकाह और तलाक़ के
जैसे जली रस्सी के बल नहीं जाते
आरामदेह ज़िन्दगी के ख़त्म होने पर भी आदतें ज़िन्दा रह जाती हैं
सच्ची हाड़ के मुसलमान नाहीस हो गये
खो दिया उन्होंने अल्ला के फूँके हुए प्राण को
और सिर्फ़ अन्धा रहमान ही मारा गया छुरे से
किसी काफिर के हाथों सुनसान रास्ते पर
दशों दिशाओं में जिसे सिर्फ़ अल्ला नज़र आया
और इस बदहाल बस्ती में मैजिक मुहल्ला

रहमान कहता था

रहमान कहता था
वहाँ पठार है
पठार पर चरागाह
चरागाहों में जाते हैं
खानाबदोश क़बीले
पालतू जानवर
चरागाहों को पार करते हैं
मौसम के मुताबिक वे
नदियों घाटियों में उतरते हैं
मौसम के मुताबिक वे
पहाड़ों के पार चले जाते हैं
नक्षत्रों के अनुसार
मापे गये मार्ग पर
मौसम के मुताबिक
तम्बू डालते हैं
इस यायावरी में ही
वे करते हैं इश्क़ मुहब्बत
झगड़े और क़त्ल
शादियाँ, बच्चों की पैदाइश
बुढ़ापा,
मरना जीना सब
अल्ला की कृपा से

मैं यायावरों का ही वंशज हूँ
आजकल बसा हुआ
इस एक शहर के
एक मुहल्ले में
कहीं भी आना जाना नहीं है
पाँचों वक़्त नमाज़
और बाक़ी वक़्त में
तुम्हारा मेरा

जीना मरना
सब अल्ला की कृपा से

यहाँ कुछ भी
मौसम के मुताबिक नहीं है
यहाँ कोई भी रास्ता नहीं है
सितारों का बताया हुआ
यहाँ इन आलीशान मकानों के
अँधेरे कमरों में
घुटता है एकान्त का अर्थ
एकान्त में
यहाँ, एक बग़ीचे की जगह
इतर की शीशी है
कतरी हुई ख़ुशबू
काल्पनिक गुलाब
मायावी नर्गिस
सांकेतिक यास्मीन
रहमान ने कहा
अल्ला मियाँ ने
हमें नाक नहीं दी होती तो
कौन-सी ख़ुशबू हमें बता पाती
हमारे पूर्वजों के
आने का रास्ता
और यह लिपि?

रहमान ने कहा दोस्त
अस्ताचल की तरफ़ मुँह करके
घुटने टेक कर
झुक जाओ उसके सामने
कौन जाने कल सुबह का सूरज
शायद तुम्हारा आख़िरी ही हो

दिन के वक़्त
रेगिस्तान जलता तपता है
फिर भी उसमें
मृगमरीचिका चमकती है
आँखों के सामने
रहमान कहता था
रात का रेगिस्तान

कितने भेद छुपाये होता है
किस तरह तारों से भरा
और कैसे उगाता है आधा चाँद
'अलिफ' लिए अपने ऊपर
जो मील दर मील चले जाते हैं अकेले यहाँ से
लिए जाते हैं हृदय के एक हिस्से में दिन
और दूसरे में रात
सिर्फ़ सूफ़ी ही देखते हैं
रेगिस्तान में
सूरज को डूबते हुए
तारों के उगने से पहले
रहस्यहीनता की
दहलीज़ पर

रहमान कहता था
दोस्त, हम जो एक साथ देखते हैं
सूरज का ढलना इस रेगिस्तान में
उदासी पर एकाग्र हुए
गवाह हैं

रहमान की आवाज़ गहरे कुएँ से आती है

गहरे कुएँ से आती है रहमान की आवाज़
और आकाश से सलमा की हँसी की बिजली
बारिश पड़ने के पहले ज़मीन पर अकेला सिर्फ़ मैं

अकेला मैं ही गरजती बिजली के नीचे
अकेला मैं ही सुनता हूँ भूगर्भ की आवाज़
घास की पत्तियों की तरह नुकीला उगा हुआ

अकेला मैं ही पन्ना की दहक समेटे हुए दिल में
बेचैन

सलमा की आँखें बारात हैं

सलमा की आँखें बारात हैं
उसके पानी में
बड़ी पेट्रोमैक्स की बत्तियाँ जलती हुईं

सलमा की आँखों में प्रतिबिम्बित है सब कुछ
उसके लाल होंठ अन्दर ही अन्दर घूमे हुए
और तारों भरा खगोल रीता हुआ

दमिश्क, बगदाद, बसरा, मोसुल
कायरो, इस्तांबुल, तिब्लिस
मक्का, मदीना, मस्कट, शिराज,
इस्फहान...जैसे तश्तरी में फल
जैसे हरा, जैसे बग़ीचा, जैसे जन्नत...
सलमा की आँखें बारात हैं
दारुल हर्ब में तैरती हुई जाती हुई

जबकि मदरसे खाली हैं अब

जबकि मदरसे खाली हैं अब
रहमान मौजूद है
पत्थर की तरह अपनी जगह पर
उसके हाथों में अल् कोरान...
ए-शरीफ़
खलिफ़
अलिफ़
करीम
रहीम
हकीम
मुजीब
अजीब
हबीब
याऽल्ला! परवरदिगार!
आज जुमा-ए-रात है
जुमा-ए-रात

सलमा पानी पर प्रतिबिम्ब

सलमा पानी पर प्रतिबिम्ब
अब मैं अलग कर सकता हूँ

मैं पकड़ सकता हूँ अब सलमा
स्वरों पर तरंगित होता ख़याल

एक सम्पूर्ण ग्रन्थ का मस्जिद
आकाश की मन्द हिलती कबर

चन्द संस्मरण चन्द शब्द...

दिलीप पुरुषोत्तम चित्रे की कविताओं पर बहुत कुछ लिखा जा चुका है और अभी भी उनपर बहुत कुछ लिखे जाने की सम्भावना है। उनकी कविताओं पर कोई शोध या गहन समीक्षा करना यहाँ मेरा मकसद नहीं है। यहाँ सिर्फ़ उन कविताओं के कुछ मुख्य घटक, उनके रुझान और उन रुझानों की पृष्ठभूमि को पाठक के समक्ष रखना ही मेरा उद्देश्य है ताकि हिन्दी के वे पाठक जो दिलीप चित्रे के सृजनशील व्यक्तित्व से उतने परिचित नहीं हैं, उन्हें इन कविताओं का समुचित सन्दर्भ मिल सके।

जैसा कि हम सभी के साथ अलग-अलग ढंग से होता है, दिलीप चित्रे के व्यक्तित्व और कृतित्व को गढ़ने वाले कारक भी उनके बाल्यकाल से ही सक्रिय थे। उनका जन्म 17 सितम्बर, 1938 को बड़ोदा में एक सम्पन्न परिवार में हुआ। मराठी भाषी उनका परिवार महाराष्ट्र के कोंकण क्षेत्र से आ कर गुजरात के तत्कालीन बड़ोदा राज्य में बस गया था। उंनके पिता श्री पुरुषोत्तम आत्माराम चित्रे (उर्फ़ बाबूराव चित्रे) और माता श्रीमती विमला पुरुषोत्तम चित्रे साहित्यिक रुचि से सम्पन्न थे। पिता अपने घर से ही 'अभिरुचि' नामक एक साहित्यिक पत्रिका का सम्पादन और प्रकाशन करते थे। घर में साहित्यकारों का आना-जाना लगा रहता था। दिलीप चित्रे शुरू से ही स्वभाव से पठेच्छु थे और किशोरावस्था तक आते-आते मराठी, अन्य भारतीय भाषाओं और अंग्रेज़ी के माध्यम से विश्व साहित्य की ढेरों किताबें वे पढ़ चुके थे। तत्कालीन बड़ोदा पर नवजागरण का बहुत असर था। वहाँ के कला और संगीत के समृद्ध माहौल और वहाँ के उदार मानववाद का उनकी जीवन दृष्टि पर गहरा असर हुआ। उन्होंने कहीं लिखा भी है कि बचपन से ही घर में माँ, दादी और अन्य स्त्रियों द्वारा समय-असमय गाये गये गीत, ओवी, भजन, उनके घर के पास बने मन्दिर से आने वाली पूजा की आवाज़ें, मन्त्रोच्चार, कीर्तन आदि सबने मिल कर लय और ध्वनि के लिए उनका 'कान' तैयार किया है। इसी ध्वनि में आगे चल कर महानगर की आवाज़ें, उसका कोलाहल और उसकी अलग-अलग आवाज़ों ने उनकी कविता की ज़मीन को सींचा है।

जब वे बारह वर्ष के थे तब उनके पिता बड़ोदा छोड़ कर सपरिवार मुम्बई आ गये। मुम्बई दिलीप चित्रे के लिए जीवन की पाठशाला, उनकी संगिनी और उनकी कविताओं में जीवन्त संज्ञा बन कर कायम रही। वे लिखते हैं, "मैं बारह वर्ष की उम्र में पहली बार मुम्बई आया। उसके बाद मुम्बई में ही बड़ा हुआ। यह मेरा पसन्दीदा शहर है, इसके गली-कूचों में बहुत घूमा हूँ। जिन बस्तियों में महाराष्ट्रीय मध्यम वर्ग के बच्चे कभी गये तक नहीं होंगे, उन बस्तियों में भी मैं बहुत घूमा हूँ। शहर की भौगोलिक और सामाजिक समझ मुझे दारू और चरस के अड्डों पर मिली। इसके अलावा मुझे यह समझ नाते-रिश्तेदारों, मज़दूर कार्यकर्ता मित्रों के साथ यहाँ-वहाँ घूम कर मिली। उसमें भी मेरे मित्र अलग-अलग श्रेणियों-समाजों से थे। कोई पारसी, कोई मुस्लिम, कोई गोवा का या कोई ईस्ट इण्डियन कैथोलिक। स्कूल में मेरे सहपाठियों में अधिकांश धारावी की झुग्गियों से थे जिनमें एक बहुत बड़ा हिस्सा दलितों का भी था।"

मुम्बई की बहुलता ने उनके दृष्टिकोण को बहुत विस्तृत कर दिया और उनमें एक व्यापक विश्व दृष्टि का निर्माण किया। यहाँ की गलियाँ, झुग्गियाँ, रेड लाइट इलाके, जीवन और समाज के हर स्तर के

लोग और सबके सामंजस्य ने उनकी दृष्टि को एक खुलापन देकर उनकी आगामी कविताओं की पृष्ठभूमि का निर्माण किया। नौकरी, रोज़गार, और सपनों की तलाश में मुम्बई आये हुए लोग अपने साथ अपनी जीवन दृष्टि, अपने संस्कार और संस्कृति, अपनी मुसीबतें, भय और आशाएँ भी लाये और यहाँ रच-बस गये। इन सबके बीच सहज आवागमन ने जीवन और समाज के प्रति उनकी समझ को आकार दिया।

मुम्बई से जुड़े अपने संस्मरण में चित्रे ने लिखा है कि मुम्बई में बड़ा होना एक ख़ास अनुभव था जिसने मुझे भविष्य के शहरों में जीवन के लिए तैयार किया। दुनिया के बड़े महानगरों में जैसे, न्यू यॉर्क, शिकागो, लॉस एंजल्स, सॅन फ्राँसिस्को, लन्दन, पेरिस, बर्लिन, मॉस्को, लेनिनग्राद, (अब पुनः सेंट पीटर्सबर्ग), हॉन्ग कॉन्ग, बैंकॉक या टोक्यो और छोटे शहरों जैसे फ्रैंकफर्ट, म्यूनिख, नाँत, कीव, तिब्लिसी, बुडापेस्ट, अदिस अबाबा, वेनिस, ब्रस्सेल्स, एम्स्त्रेदम आदि और भारत के तकरीबन सभी शहरों में मैंने जो भी जीवन जिया, उसके लिए मुम्बई के जीवन ने मुझे पहले से ही तैयार कर दिया था।

मुम्बई में जीने वाले सभी लोग जानते हैं कि यहाँ जगह की कितनी कमी है। बड़ोदा के बड़े आकार वाले घर से आकर मुम्बई के छोटे से फ्लैट में एक बड़े परिवार की साथ जीना सहज ही उनके 'स्पेस' पर हावी होने लगा। इस वजह से अपने घर के ही पास दादर की श्मशान भूमि के एकान्त को सोलह वर्ष की उम्र से बाईस वर्ष की उम्र तक उन्होंने अपने पढ़ने-लिखने और चिन्तन करने का स्थान बना लिया। कहा जा सकता है कि मृत्यु के रोज़-रोज़ के दृश्य धीरे-धीरे उनके आत्म भान को मृत्यु बोध से भरने लगे और उनकी कविताओं की ज़मीन रचने लगे। इस विषय पर उन्होंने लिखा है कि बहुत बार चिता किसी दूर जल रहे अलाव-सी नज़र आती थी जो जीवितों के रोदन के साथ उन्हें किताबों की दुनिया से निकाल कर वास्तविक जीवन में घसीट लाती थी और ऐसे समय में जब प्रज्वलित अग्नि उस पूरी देह को लीलती हुई अपने पीछे एक पूरे जीवन का राख छोड़ रही होती थी, उन्हें गीता की "नैनं छिन्दन्ति शस्त्राणि, नैनं दहति पावकः..." वाली सान्त्वना याद आती थी।

अपने बचपन के दोस्तों के बारे में लिखते हुए वे कहते हैं कि मुम्बई में उनके शुरुआती दोस्तों ने उन्हें मुम्बई के दिलचस्प अधोलोक, उसके अंडरवर्ल्ड, का दर्शन कराया। इस बारे में वे आगे लिखते हैं कि हालाँकि मैं तीन वर्ष की उम्र से ही यौनिकता से दो-चार होता आया था और अपने हम उम्र साथियों-साथिनों के साथ हर तरह के 'नटखट' खेल खेलता आया था, मुम्बई ने मानव के 'प्रेम' कहे जाने वाले व्यवहार और व्यापार के घिनौने, शोषक और कपटी रूप को मेरे सामने उजागर किया। उन मित्रों ने ही उन्हें पहली बार 'गन्दे' पोस्टकार्ड दिखाया। वे मित्र उन्हें मुम्बई के कोठों पर अपने यौन अभियानों और अड़ोस-पड़ोस की कामुक स्त्रियों के साथ अपने चोरी-छिपे सिद्ध हुए सम्भोग प्रसंगों के क़िस्से सुनाया करते थे। ये सम्भोग प्रकरण अजीब-अजीब और बिल्कुल अकल्पनीय स्थानों पर सम्भव हुए थे, जैसे, चॉल में बने आम शौचालय में, छत पर पानी की टंकी के पीछे (इसका ज़िक्र चित्रे की कविता 'खण्डोबा' में भी आता है), सुनसान गली या अँधेरे कॉरिडोर में, बावड़ी की सीढ़ियों पर, गोदामों, दूध की दुकानों और हाँ, श्मशान में भी! इसके अलावा सिनेमा हॉल के अँधेरे में और किसी उजाड़ पार्क के कोने में भी ऐसे कई अभियानों के क़िस्से वे सुनते आये थे। उन्होंने लिखा है कि इन क़िस्सों से मन में जुगुप्सा भर जाती थी और लगता था कि हम एक भूखी आबादी हैं और 'सम्भोग के ढाबों' की तलाश में भटक रहे हैं। कमाठीपुरा के इन 'ढाबों' का ज़िक्र जिस तरह उन लोगों में हवस भरी सिसकारी जगाता था, उसे देख कर मन विद्रोह कर उठता था। इन जगहों में लड़कियों को देख कर मन उत्तेजित होने के बजाय हताश और क्षुब्ध हो जाता था। यही वह कमाठीपुरा है जहाँ पले हुए नामदेव ढसाळ ने अपनी कालजयी रचना 'गोल पीठा' लिखी है।

मुम्बई की धारावी की झुग्गियों से सटे सायन इलाके में उनका दूसरा स्कूल था जहाँ पढ़ते हुए उनका सम्पर्क दलित और उपेक्षित वर्ग के छात्रों से बना। उनकी जीवन-शैली, उनका आचार-व्यवहार, उनके

सपने और उनका जीवन, समता और सम्मान का उनका संघर्ष, बाबासाहब आम्बेडकर के प्रति उनका सम्मान और लगाव जो ख़ुद चित्रे के मन में उनके प्रति सम्मान से कहीं कम नहीं था—इन सबने मिलकर मुम्बई के बहाने उन्हें जीवन की अँधेरी गलियों में चल रहे जीवन के जैविक और मानसिक व्यापारों और व्यवहारों के प्रति और भी अधिक संवेदनशील बना दिया।

मुम्बई के कॉस्मोपोलिटेन रंग-रूप को इससे समझा जा सकता है कि उस ज़माने में मुम्बई का वेतन भोगी वर्ग और उसकी गन्दी बस्तियाँ प्रायः बॉम्बे सेण्ट्रल के रेलवे स्टेशन और भायखला से चर्नी रोड (पूर्वी) से होता हुआ मस्जिद बन्दर के इलाकों तक केन्द्रित था। मराठी मध्यवर्ग ने अपने लिए एक पुणे गिरगाँव चौपाटी में बसा लिया था तो गुजराती समुदाय ने अपना अहमदाबाद और सूरत कालबादेवी के इलाके में बसा लिया था। मुसलमानों के लिए भेंडी बाज़ार का इलाका था तो एंग्लो-इण्डियन, बेन इस्राइली, कैथोलिक और प्रोटोस्टेंट समुदाय मजगाँव इलाके में बसा हुआ था। कपड़ा मिलों में काम करने वाला मज़दूर वर्ग लालबाग, चिंचपोकली, एल्फिन्स्टन रोड, आदि इलाके में उन्हीं मिलों के आसपास फैला हुआ था।

उन्होंने लिखा है कि "एक नवयुवक के रूप में मैंने मुम्बई को पैरों से सीखा। उसके अलग-अलग इलाकों और मुहल्लों में घूमना खाली वक़्त का मेरा प्रिय शगल था। इसकी एक लगातार गूँज मेरी कविताओं और मेरी कहानियों में बनी रहती है। सत्रह की उम्र में मैंने जेम्स जॉयस से प्रेरित होकर एक कहानी लिखना शुरू किया था जिसमें अश्वमेध का घोड़ा एक 'लीट मोटिफ़' या एक टेक की तरह बार बार आता। इसमें कथावाचक शहर में चौबीस घण्टों तक पैदल चलता हुआ उस ईश्वर-सम्राट के लिए वह सारी ज़मीन जीत लेना चाहता है जहाँ तक वह चल पायेगा।" यह कथा, जिसका नाम 'The Galloping God' होना था, कभी पूरी नहीं की जा सकी। अपनी कविताओं पर पड़े मुम्बई के प्रभाव के बारे में दिलीप चित्रे मानते हैं कि, "मेरी शुरुआती मराठी और अंग्रेज़ी की कविताओं में मुम्बई बहुत सीधे तौर पर आती है। मुम्बई का अपना एक प्रचण्ड पाठ है जिसके और भी कई दुरूह उप-पाठ हैं। सभी महान शहरों की तरह मुम्बई भी कई सतहों और स्तरों का शहर है, यह अपने आप में एक बिम्ब है, मुहावरा है, एक भूलभुलैया है। इसके अपने मिथक हैं, इसकी अपनी पहेलियाँ हैं।"

मुम्बई के इस व्यक्तिनिष्ठ अस्तित्व के साथ ही एक और वस्तुनिष्ठ मुम्बई थी जिसका समग्र प्रभाव कवि के कर्म और चिन्तन की दिशा को प्रभावित कर रहा था।

दूसरे विश्व युद्ध के बाद आयी पेपरबुक क्रान्ति ने मुम्बई को वैश्विक स्तर पर परस्पर विरोधी और पूरक विचारों से भर दिया। विश्व भर से छप कर आयी किताबें मुम्बई के फ़ुटपाथों पर जहाँ-तहाँ नज़र आने लगीं। एक ही साथ साहित्य, संस्कृति, विज्ञान और अन्य लगभग सभी विषयों पर पुस्तकें सस्ती कीमतों में प्रचुरता से उपलब्ध होने लगीं। नये विचारों के उन्मेष का यह नया काल उन दिनों आया जब दिलीप चित्रे अपने कैशोर से युवावस्था की तरफ़ बढ़ रहे थे। यह वह समय था जब एक ही साथ कला की अलग-अलग विधाओं को, उनके अलग-अलग रूप-रंग में रखते हुए भी, एक नयी और समग्र दृष्टि से देखा जाने लगा था। इसके पीछे मन्तव्य यह था किस भी कलाएँ अपने उद्‌गम से और मूल रूप में आपस में जुड़ी हैं। अन्तर्राष्ट्रीय आधुनिकता से दिलीप चित्रे का साक्षात्कार शुरू हो चुका था।

मुम्बई का कॉस्मोपॉलिटेन अपनी मानवीय, सांस्कृतिक और आर्थिक बहुलताओं को समेटे लोकल और ग्लोबल के बीच एक महत्त्वपूर्ण कड़ी बन रहा था। अस्तित्व की अलग-अलग सतहों, आस्थाओं और अवस्थाओं से निकल कर आयी पलायन किये हुए लोगों की आबादी ने इस बहुलता को और इस बहुलता की एकरूपता को एक अन्तर्राष्ट्रीय आधुनिक विश्वबोध में बदल दिया। यहाँ बँटवारे से विस्थापित हुए लोग थे, शरणार्थी थे, यहाँ पुर्तगीज थे, ईरानी, पारसी, रशियन, चीनी, ब्रिटिश थे, बांग्लादेशी थे और देश भर के अलग-अलग राज्यों से आये हुए लोग थे। यहाँ के मूल निवासी कोळी, अग्री, पंचकलसी,

भण्डारी, फिर यहाँ बसे हुए मारवाड़ी, गुजराती आदि सब की मिलीजुली गति से मुम्बई अपनी गति पा रही थी। कवियों-कलाकारों का एक बड़ा समूह था जो अलग-अलग जगहों से आ कर मुम्बई में बस गया था। अरुण कोलटकर, किरण नगरकर, भालचन्द्र नेमाडे सरीखे कई मराठी कवि और कथाकार थे, एम.एफ. हुसैन थे, सूजा थे, के.एच. अरा थे, रज़ा थे, तैयब मेहता थे। आदिल जस्सावाला और जीव पटेल जैसे पारसी कवि थे, निस्सीम एजिकील जैसे यहूदी कवि थे। इस दौर में मुम्बई के फ़िल्म उद्योग से जुड़े सत्यजित राय, बिमल रॉय, ऋत्विक घटक और गुरुदत्त जैसे फ़िल्मकार थे तो सआदत हसन मण्टो, राजिन्दर सिंह बेदी, फ़ैज़ अहमद फ़ैज़ जैसे फ़नकार भी थे। कला के सभी माध्यमों में खुला आदान-प्रदान हो रहा था। इस पूरे नेटवर्क में, इसके गोशे-गोशे में दिलीप चित्रे का खुला आवागमन था और सभी प्रभावों को वे आत्मसात कर रहे थे। यह वह समय था जब युद्ध से विस्थापित यूरोपियन लोगों के लिए मुम्बई (बम्बई) विजुअल आर्ट की नयी सम्भावना दिखा रही थी। इन्हीं दिनों प्रोग्रेसिव आर्टिस्ट ग्रुप का गठन हुआ था। 1950-60 का दशक 'बीट पोएट्री', 'साउण्ड पोएट्री', 'विजुअल पोएट्री' 'कॉन्क्रीट पोएट्री', 'जैज़ पोएट्री' और सर्रियलिज़्म के लगातार असर का दशक था। मुम्बई के कवियों ने खुल कर वैश्विक 'अवाँ गार्द' के हर नये प्रयोग को अपना कर उनमें अपने ढंग से प्रयोग करना शुरू किया और अन्तर्राष्ट्रीय आधुनिकता से जुड़ कर ख़ुद को उसी परम्परा से जोड़ना भी शुरू कर दिया था। इस तरह मुम्बई के कवि यूरोपीय आधुनिकता और 1960 के दशक की प्रति-संस्कृति (Counter Culture) से गहरी समानुभूति के साथ जुड़ गये। इनमें एज़रा पाउण्ड, विलियम कार्लोस विलियम, डिलन थॉमस, ई.ई. कमिंग्स, सैम्युएल बेकेट, पाब्लो नेरुदा (चिले, द अमेरिका) आदि के साथ-साथ सर्रियलिस्ट, डाडावादी, और अमेरिका की व्यवस्था विरोधी लघु पत्रिकाओं का बहुत गहरा असर था। यह देश को मिली राजनैतिक आज़ादी और नेहरू युग के आशावाद का भी दौर था। इस दौर में सब कुछ नये सिरे से रचने की शिद्दत ज़ोर पर थी। यह ब्रिटिश उपनिवेश के बीते दौर में विक्टोरियन मूल्यों और मानदण्डों के विघटन का काल था। कविता-कला सम्बन्धित सभी मानदण्ड अस्वीकृत किये जाने लगे और भाषा के भी स्तर पर संस्कृत की क्लासिकीय भाषा का त्याग करके आम लोगों की बोलचाल की भाषा में ही कविता सम्भव की जाने लगी। इस भाषा में शुचिता के आग्रह भी ठुकरा दिये गये और मराठी काव्य में लोक बोली के साथ-साथ मुम्बइया (बम्बइया) बोली और इसके भदेस भी स्थान पाने लगे। आधुनिकता को नये सिरे से व्याख्यायित करने की इस ललक ने लोकल के सन्दर्भ में आधुनिकता को फिर से व्याख्यायित किया। इस आग्रह को अनुवाद कर्म ने और भी सार्थकता प्रदान की। लेखक-कवि अपने ही देश के साहित्य की तरफ़ एक नयी दृष्टि से लौटने लगे। दिलीप चित्रे ने भी इन्हीं दिनों सन्त ज्ञानेश्वर और सन्त तुकाराम की कविताओं का अनुवाद शुरू किया और यह स्थापना भी की कि सन्त ज्ञानेश्वर और सन्त तुकाराम सच्चे और खरे अर्थों में मराठी भाषा के आधुनिक कवि थे और यह कि उनकी कविताओं में आगामी आधुनिकता के बीज बहुत स्पष्ट रेखांकित किये जा सकते हैं। वे लिखते हैं कि तुकाराम को एक नयी दृष्टि से पढ़ते हुए उनमें उन्हें एक सहज समकालीन कवि नज़र आने लगा। कई बार तुकाराम को पढ़ते हुए उन्हें नीत्शे, कीर्केगार, हिडेगर, का सहज स्मरण हो आता था तो कभी तुकाराम के माध्यम से वे मीस्तेर एक़हार्ट, जुआन दे ला क्रूज़ और विलियम ब्लेक को और अधिक अच्छी तरह से समझ पाते थे।

इस विषय पर उन्होंने विपुल लेखन भी किया है। An Anthology of Marathi Poetry में दिलीप चित्रे लिखते हैं कि संस्कृति के गहन और बृहत्तर आयामों की तरफ़ अपनी नयी हासिल हुई पाश्चात्य कविता परम्पराओं के साथ लौटना, उसमें हुए व्यक्तिगत प्रयोगों का मेल, इन सबने मिलकर संस्कृति का ही पुनर्निर्माण करना शुरू कर दिया।

मानदण्डों और अकादमिक कला को नकार कर 'मुक्त' हुए कवि-कलाकार अब 'अपनी' रचना स्वतन्त्र ढंग से करने लगे। 1954 में दिलीप चित्रे ने अरुण कोलटकर और बंडू वजे के साथ मिल कर

'शब्द' नाम की लघु पत्रिका का सम्पादन शुरू किया जिसकी साइक्लोस्टाइल प्रतियाँ लोगों में मुफ़्त बाँटी जाती थीं। इस तरह नयी सोच और नयी कला को जन-जन तक पहुँचाने की एक नयी मुहिम शुरू हुई।

दिलीप चित्रे का कवि जीवन 16 वर्ष की अवस्था से शुरू हुआ माना जा सकता है। 1954 में सत्यकथा के दीवाली अंक में उनकी पहली कविता 'चित्र' प्रकाशित हुई। वे कहते थे कि 16 वर्ष की आयु से ही मैंने स्वतन्त्र रूप से कविता लिखना शुरू कर दिया था। इसके अलावा चित्रकला का भी उन्हीं दिनों आरम्भ हुआ था। लेकिन जीवन भर जो एक काम मैंने अबाधित रूप से किया है वह काव्यलेखन और अलग-अलग देश काल में कला के रूप और काव्य पर चिन्तन और लेखन का है। 16 वर्ष की आयु में उन्होंने विन्दा करन्दीकर की 'मृद्‌गन्ध' पर समीक्षा लिखी। इस समीक्षा को उनके समीक्षक जीवन की शुरुआत के तौर पर भी देखा जाता है। इन्हीं दिनों उन्होंने 'छन्द', और 'उगवाई' में भी समीक्षाएँ लिखीं। सन् 1960 में उनका पहला काव्य संग्रह 'कविता हा' मौज प्रकाशन से प्रकाशित हुआ। 1954 में उन्होंने मराठी की 'शब्द हे' नामक अनियतकालीन पत्रिका की शुरुआत की जिसके सम्पादन में उन्हें अरुण कोलटकर, बंडू वझे और रमेश समर्थ जैसे लोगों का सहयोग मिला। 1954-60 के दौरान उन्होंने 'सत्यकथा' में काव्य समीक्षाएँ नियमित तौर से लिखीं। 'सत्यकथा' के अप्रैल 1958 अंक में उन्होंने अकान्त मर्ढेकर पर एक लेख और मराठी कविता की तत्कालीन स्थिति पर 'आजची मराठी कविता' लिखा।

सन् 1960 में अंग्रेज़ी शिक्षक के तौर पर वे इथियोपिया (दक्षिण अफ्रीका) गये। वहाँ वे तीन वर्षों तक रहे। लौट कर उन्होंने 'शिबाराणीच्या शोधात' नामक पुस्तक लिखी जो वहाँ के जीवन और संस्मरण से सम्बन्धित यात्रा-वृत्तान्त है।

1963-64 में उन्होंने आधुनिक यूरोपियन कवियों पर 'आधुनिक कवितेला सात छेद' (आधुनिक कविता में सात कीर्तन) नामक लेख लिखा जो काफ़ी प्रसिद्ध हुआ। सिर्फ़ मराठी कविता ही नहीं, समस्त भारतीय कविता और अन्तर्राष्ट्रीय कविता में उनकी गहरी रुचि रही और इस पर उन्होंने विपुल लेख भी लिखे जो 'साहित्य आणि अस्तित्वाभान-1' नामक पुस्तक में समाविष्ट हैं। इन विषयों पर उनके कई लेख संग्रह भी हैं, मसलन,'चाव्या' (1982), 'तिरकस आणि चौकस'(1990), 'शतकाचा संधिकाल' (1995), 'अगतिकांचे जागतिकरण' (2010), 'तुकोबांचे वैकुंठगमन', 'प्रत्यय आणि व्यत्ययः एक संवाद'। उन्होंने सन्त ज्ञानेश्वर की 'अनुभवामृत' और सन्त तुकाराम के अभंगों का अंग्रेज़ी में अनुवाद भी किया है।

इन विषयों के अलावा उन्होंने बीसवीं और इक्कीसवीं सदी के सन्धिकाल पर पर्यावरण और काल विषयक समकालीन विषयों पर भी लिखा है जिसमें असहिष्णुता, राजनीति, अमरीकी साम्राज्यवाद, कोला संस्कृति, पलायन आदि सम्बन्धित कई लेख हैं जो मानवतावादी भाव के हैं और जिनमें मनुष्यता के क्षरण और उसके बचाव की चिन्ताएँ प्रबल रूप से व्यक्त हुई हैं।

देश काल से जुड़ी ये चिन्ताएँ उनकी 'जीवनी' और 'जीवन' के अन्तर्द्वन्द्व के रूप में भी देखी जा सकती हैं। जीवन यापन के लिए पैसों की ज़रूरत होती है और कविता पैसे नहीं जुटा सकती है। ऐसे में कवि कहीं नौकरी करता है। लेकिन नौकरी के दबाव ही इतने होते हैं कि कविता कुंठित हो जाये। कोई करे तो क्या करे! दिलीप चित्रे कुछ-कुछ दिनों की नौकरी कर लेते थे जिससे ज़रूरत भर धन जुटा कर वे फिर से अपने सृजन पर एकाग्र हो जाया करते थे। उनका मानना था कि इसी तरह उन्होंने अपनी 'आज़ादी' की रक्षा की।

वे कभी भी किसी एक नौकरी में टिक कर नहीं रहे। इथियोपिया में बतौर अंग्रेज़ी शिक्षक नौकरी करके, 1964 में वहाँ से लौट कर उन्होंने मुम्बई में फाईजर नामक कम्पनी में दो वर्षों तक सेल्स प्रोमोशन ऑफिसर के पद पर काम किया। 1966-67 से मुक्त पत्रकारिता करते हुए उन्होंने स्वतन्त्र लेखन किया। 1971 से 75 के बीच उन्होंने 'इण्डियन एक्सप्रेस' में काम किया। इस दौरान उन्होंने काव्यलेखन के अलावा भिन्न-भिन्न विषयों पर लिखा। इसी दौरान वे जयप्रकाश नारायण, हामिद दलवई, रामनाथ

गोयनका के सम्पर्क में आये। उन्होंने 'क्वेस्ट', 'न्यूक्वेस्ट', 'टाइम्स ऑफ़ इण्डिया', 'थॉट', 'सेमीनार', 'इलस्ट्रेटेड वीकली' जैसी पत्रिकाओं में प्रचुर लेखन किया। आपातकाल के दौरान उन्होंने इन्दिरा गाँधी की तानाशाही के ख़िलाफ़ मुखर रूप से कई लेख लिखे। आपातकाल के विरोध में लिखी गयी उनकी कविता 'बहिर्‌या मुक्याची दिंडी' (गूंगे-बहरों की पताका) लोकप्रिय हुई थी।

जीवन के अलग-अलग क्षेत्रों में काम करते हुए, अलग-अलग संस्कृति और सामाजिकता के लोगों के सम्पर्क में आते हुए उनकी दृष्टि बहुआयामी और बहुश्रुत हुई, कई तरह के संस्कारों से मंडित और घनीभूत हुई। इसका उनके लेखन पर स्पष्ट और गहरा असर हुआ।

1975 से 77 तक वे भारतीय लेखकों का प्रतिनिधित्व करते हुए अमेरिका की 'आयोवा यूनिवर्सिटी' के अन्तर्राष्ट्रीय लेखन कार्यक्रम में सहभागी हुए। वहाँ उन्हें 'इण्टरनेशनल राइटिंग प्रोग्राम' के तहत एक भारतीय कवि की हैसियत से आमंत्रित किया गया था। इसी दौरान उन्होंने अमेरिकी स्कूली छात्रों की 'क्रिएटिव राइटिंग' पर कक्षाएँ भी लीं। अमेरिका प्रवास के दौरान वहाँ के अनुभव उनकी कविताओं में बहुत मुखर हुए हैं, खासतौर से वहीं रहते हुए लिखी गयी उनकी कविताओं 'बर्फाचे दिवस', 'देवी', 'स्मरण पत्र' और 'Travelling in a Cage' में। वहाँ रहते हुए उन्होंने विपुल अनुवाद भी किया जिसमें सन्त तुकाराम के अभंगों के अनुवाद का एक महत्त्वपूर्ण स्थान है। 1978 के बाद उन्होंने पूर्व और पश्चिमी यूरोप की यात्रा की तथा जीवन का कुछ समय उन्होंने इस भूभाग में भी बिताया। अन्य देशों और भूभागों की संस्कृति, वहाँ के लोगों के सम्पर्क से हुए जीवन दृष्टि में बदलाव और एक समग्रतावादी सोच उनकी कविताओं में अपना जगह बनाने लगी।

इस बीच उन्होंने चित्र बनाये, फ़िल्मों का निर्देशन निर्माण किया और भारत भवन से भी जुड़े। सिनेमा के क्षेत्र में भी उनकी काफ़ी सक्रियता रही है। अपने शुरुआती दिनों में उन्होंने विज्ञापन के क्षेत्र में काम किया था। विज्ञापनों के लिए पटकथा लेखन, निर्देशन और सम्पादन से जुड़े काम किये। ओबेरॉय कम्पनी से जुड़े रह कर उन्होंने 300 से भी अधिक विज्ञापनों के लिए पटकथा लिखी। उन्होंने डॉक्यूमेंट्री फ़िल्मों का निर्देशन निर्माण भी किया। वरली के दंगों पर आधारित 'A Question of Identity', 'Made in India', 'Tryst with Destiny', 'दगडू' नामक प्रसिद्ध डॉक्यूमेंट्री फ़िल्में बनायीं। भोपाल भवन में कार्य करते हुए उन्होंने कुछ वीडियो फ़िल्मों का भी निर्माण किया। इसके अलावा शमशेर बहादुर सिंह, शक्ति चट्टोपाध्याय और भवेश चन्द्र सान्याल सरीखे कवि-चित्रकारों पर फ़िल्में भी बनायीं। आगे चल कर उन्होंने साहित्य अकादेमी के लिए नारायण सुर्वे और अरुण कोलटकर पर लघु फ़िल्मों का निर्देशन निर्माण किया। 1983 में उन्होंने भाऊ पाध्ये की कहानी पर NFDC के सहयोग से 'गोदाम' नामक फ़ीचर फ़िल्म बनायी। इस फ़िल्म के निर्देशन के लिए फ्रांस के नाँत महोत्सव में उन्हें ज्यूरी का विशेष पुरस्कार मिला। गोदाम के अलावा उन्होंने हिन्दी फीचर फ़िल्म 'विजेता' (शशि कपूर) के लिए पटकथा लिखी तथा ओमपुरी अभिनीत फ़िल्म 'अर्ध्यसत्य' में उनकी इसी नाम की कविता का प्रयोग भी हुआ है।

फ़िल्म 'गोदाम' जो भाऊ पाध्ये की कहानी पर आधारित है, एक स्त्री और दो पुरुषों के चारित्रिक द्वन्द्व की कहानी है जिसमें सभी पात्र अपनी पृष्ठभूमि से अपनी विवशताओं को साथ लिए आते हैं। यह पृष्ठभूमि इतनी ही है कि फ़िल्म में इनके टकराने की वजह का निर्माण कर सके। इसके अलावा हम उनके बारे में कोई विशेष जानकारी नहीं पाते हैं। एक मेटाफर के रूप में यह फ़िल्म एक स्त्री (नवयुवती) के प्रति पुरुषत्व के 'पिता' और 'पुरुष' रूपों के रेंज का व्यवहार है। इसके छायांकन में प्रकाश और छाया का प्रयोग चित्रकला में होने वाले प्रकाश संयोजन और काफ़ी हद तक रेम्ब्रां की चित्र शैली की याद दिलाता है। इसमें अँधेरे की अटल पृष्ठभूमि पर प्रकाश से उकेरे गये चित्र बहुत प्रभावी बन पड़े है। कहानी में गोदाम का लोकेशन किसी पहाड़ के पास है। पश्चिमी घाट का यह पहाड़ पूरी फ़िल्म

में आध्यात्मिक स्थिति के एक बिम्ब की तरह खड़ा रहता है, ठीक वैसे ही जैसे चित्रे की कविताओं में खण्डोबा या तुकाराम से जुड़ा कोई पहाड़ या फिर वह पहाड़ जो उनके 'माउंटेन सीरीज' के चित्रों में आता है। उनकी एक कविता 'मैंने एक गोदाम बनाया' में लगता है जैसे इसी गोदाम का ज़िक्र है।

फ़िल्म फोटोग्राफी और डिजाइन के क्षेत्रों में सक्रिय रहते हुए उन्होंने आई.आई.टी. मुम्बई (पवई) के डिजाइनिंग सेंटर में दस वर्षों तक विजिटिंग फैकल्टी के तौर पर काम किया। जीवन के और कला के अलग-अलग क्षेत्रों में अपने काम के बारे में लिखते हुए कहते हैं :

"मैंने चित्रकला, चित्रपट और संगीत की संगति की और उसे अपने भीतर ज़िन्दा रखा। फिर कैमरा मिला और फोटोग्राफी शुरू हुई। इसके बाद सिनेमा का कैमरा हाथ लगा। फ़िल्में बनायीं। जो कुछ हुआ सीखा। लेकिन इन माध्यमों में काम करना खर्च के मामले में मेरे बूते के बाहर था, जिसे जुगाड़ कर पाना हर वक़्त सम्भव नहीं रहा। जिस कला ने फकीरी में भी सिर्फ़ काग़ज़ और पेन्सिल की ही सस्ती माँग से साथ दिया वह कविता थी। यही मेरे अच्छे-बुरे दिनों की संगिनी रही। कविता ही मेरे लिए स्वायत्त और स्वावलम्बी साधन बनी। यही मेरे आत्म शोध का आजीवन संसाधन बनी।"

उनकी फ़िल्मों को देखने के लिए उनके बनाये चित्रों को भी देखा जा सकता है। हम पायेंगे कि कला के वे सभी रूप जिनमें वे सक्रिय थे, उनकी रचनाओं में आते-जाते रहते हैं। एक चित्रकार के रूप में दिलीप चित्रे जीवन भर सक्रिय रहे और अपने चित्रों में उन्होंने कई प्रयोग भी किये। उनकी शैली को मोटे तौर पर 'एक्सपेरिमेंटल एब्स्ट्रेक्ट' (प्रायोगिक अमूर्तन) कहा जा सकता है जिसमें अमूर्त शैली की तरह 'स्पेस' और Colour Structure (रंग संरचना) के साथ-साथ हाव-भाव के लयात्मक बिम्ब उकेरे गये हैं। उनकी पहली एकल चित्र प्रदर्शनी सन् 1969 में मुम्बई में हुई थी। मुम्बई के अलावा बड़ोदा, पुणे, अमरीका के आयोवा सिटी (1975-77 के दौरान) नीदरलैंड और जर्मनी में भी उनके चित्रों की प्रदर्शनी हो चुकी है। उन्होंने जहाँगीर सबावाला के चित्रों पर 'द रीजनिंग विज़न' नामक पुस्तक और तैयब मेहता के चित्रों पर 'तैयब मेहता : आइडियाज इमेजेज एसचेंजेज' पुस्तक के सम्पादन के अलावा उस पुस्तक में दो लेख भी लिखे है। इसके अलावा जे. स्वामीनाथन, भूपेन खक्कर, मोहन सामन्त, अकबर पदमसी और भास्कर कुलकर्णी के चित्रों पर भी लेख लिखे हैं। सन् 2009 में जीवित रहते हुए उनके चित्रों की अन्तिम प्रदर्शनी मुम्बई के पंडोल आर्टगैलरी में 'द ब्लैक अमंग कलर्स' नाम से हुई थी। मरणोपरान्त पुणे में 2012 में और 2013 में मुम्बई के प्रिंस ऑफ़ वेल्स म्यूज़ियम (छत्रपति शिवाजी संग्रहालय) में उनके चित्रों की प्रदर्शनी हुई। उनके चित्रों में 'पांडुरंग', 'पंढरपुर आषाढी', 'शिकार पर जाते हुए खण्डोबा', 'माउंटेन सीरीज़', 'डू वी नो वॉट फ्रीडम इज़?' प्रसिद्ध हैं। उनके कतिपय चित्रों में मानवीय चेहरे भावशून्य, भोंथरे और दरके हुए नज़र आते हैं। अकसर इन चेहरों पर निराशा, चिन्ता और कुण्ठा का भाव होता है। इन चित्रों में उन्होंने तैल रंगों के अलावा एक्रिलिक, वॉटर कलर और मुरुम या माटी से बने नैसर्गिक रंगों का प्रयोग किया है। उनके चित्रों में प्रायः स्याह, गहरे हरे (ग्रीन ग्रे), इण्डियन रेड, वार्मिलियन का प्रयोग हुआ है। इन चित्रों में उनके अचेतन मन की अभिव्यक्ति हुई है जो अनेक अँधेरी और उदास छवियों में अंकित होती है। उंनके चित्रों पर चित्रकार सुश्री वैशाली नारकर की राय है कि "दिलीप चित्रे, जो मूलतः कवि हैं, अपने चित्रों में किसी स्टाइल या कोई विशेष पद्धति को महत्त्व नहीं देते हैं। उनके चित्र 'सबलिमिनल' अभिव्यक्ति के चित्र हैं। ऐसे भाव या कथन जो शब्दों में इतनी सारी कविताएँ लिखने के बाद भी व्यक्त नहीं हो पाये, वे उनके चित्रों में व्यक्त होते हैं।"

उनके चित्रों में कविताओं में आये बिम्बों की पृष्ठभूमि नज़र आती है। वे उस गूढ़ अन्तरतम को उजागर करते हैं जहाँ उनकी कविताओं में आये बिम्ब जन्म लेते हैं। कह सकते हैं कि उनके चित्र वास्तव में उनके काव्य बिम्बों की प्रजनन भूमि है। चित्रों में प्रकाश और छाया का, फॉर्म का, और उन सबके संयोजन का असर उनके फिल्मांकन पर भी स्पष्ट देखा जा सकता है।

दिलीप चित्रे के लिए कविता, चित्रकला, फ़िल्म आदि कला के विभिन्न रूप अवश्य हैं लेकिन वे सिर्फ़ 'रूप' में ही अलग हैं, उनकी आत्मा एक ही है। इसलिए उनके लिए कला एक सतत गतिमान अभिव्यक्ति है जो एक से दूसरे माध्यम में सहजता से पसर सकती है। कविता की ही तरह उनके चित्रों में भी मृत्यु, भंगुरता, भय, अवसाद, प्रेम और इन सबका जीवन, आत्मा और परम आत्मा से अद्वैत का भाव मिलता है।

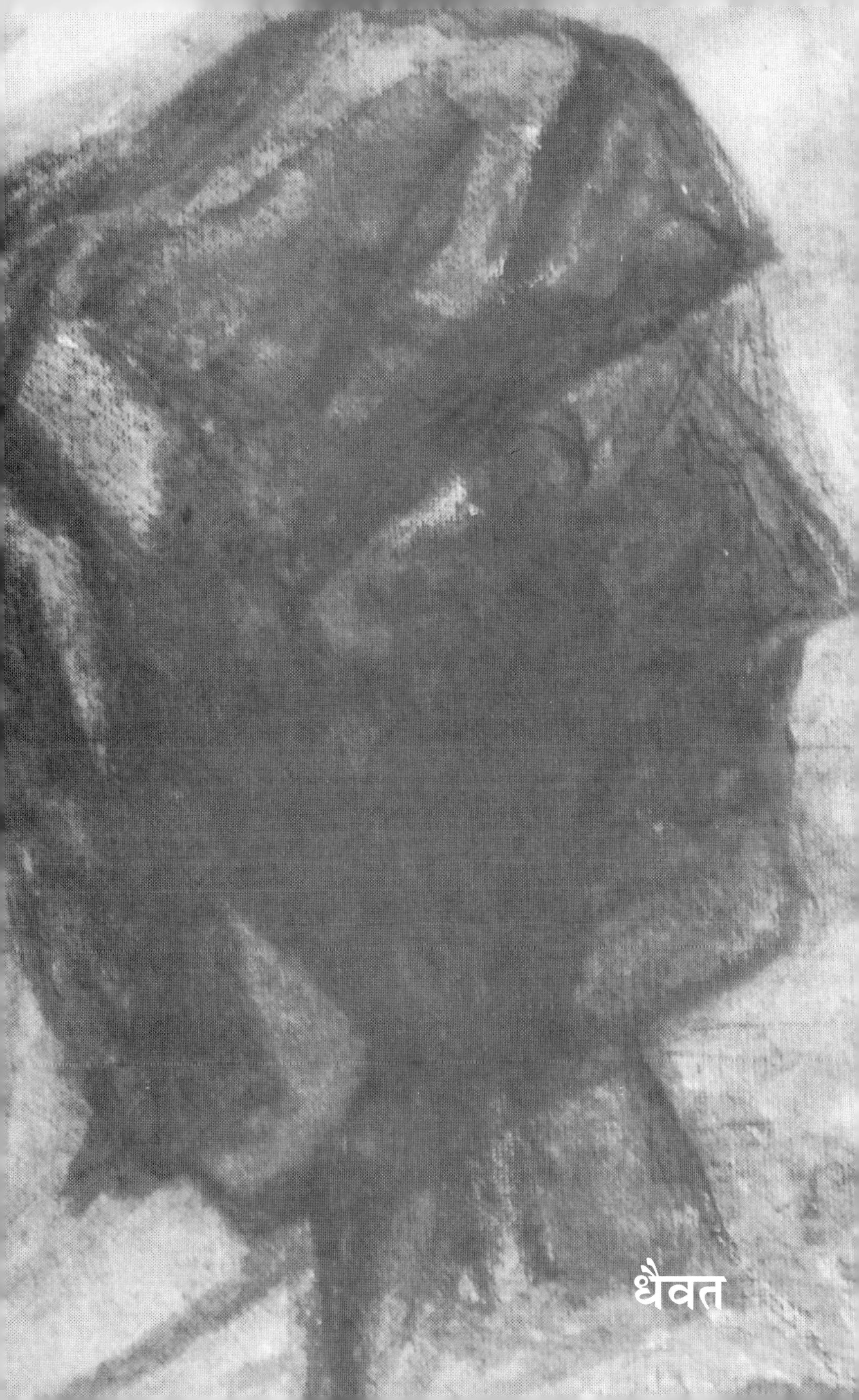
धैवत

एम्बुलेंस की सवारी

('Ambulance Ride'; As Is Where Is, पृ. 67)

(भोला श्रेष्ठ (मृ. 1971) के लिए जो मानते थे असंगत तत्त्वों को मिला कर भी एक सिम्फनी बनायी जा सकती है)

जब मैं असह्य रूप से दुखी होता हूँ तभी मुझे अपने होने के सच्चे अनुभव मिलते हैं (फ्रैन्ज़ काफ्का)

***

याद है वह सवारी?
वही जिसमें तुम्हारी मृत्यु हुई थी?

एम्बुलेंस में हम तीन लोग थे
दो संगतकार
एक मुख्य कलाकार के।
मृत्यु एक एकल सवारी है

ड्रम का सघन होता आरोह...क्रेसेंडो
एक हठात रोक दिया गया
तीव्र असंगत स्वर...स्टॅकॅटो

एक ब्लड क्लॉट
फ़ुल स्टॉप
पलकें खिंची हुईं
कफ़न सी
तुम्हारी आँखों पर
मुँह अकड़ा हुआ दर्द में

हमने कोई अनुमान नहीं लगाया
तुम मर चुके थे

एम्बुलेंस स्लो मोशन में
रेंगती हुई
रुकती हर ट्रैफ़िक सिग्नल पर

अवरुद्ध
पैदल चलते लोगों से

हमारा मन तेज़ दौड़ता रहा
भय से
तुम बिल्कुल निस्पन्द थे
सिर्फ़ सिर हिला तुम्हारा
महीन व्यंग से
याद है वह सवारी?
हमारी अन्तिम एक साथ?
वही जिसमें तुम्हारी मृत्यु हुई थी?
तुम्हारे गले के भीतर
एक पत्थर का फूल था

तुम्हारा ख़ून जम चुका था
नसें तार सी थीं
जिनसे बिजली की शक्ति निकल चुकी थी

याद है वह सवारी?

इस पर हमें ज़रूर बात करनी चाहिए कभी
कभी हमें फिर से
शराब पीनी चाहिए साथ बैठकर
और तुम बताओगे मुझे एकदम बारीकी से
कि कैसे मृत्यु अपना शटर दबाती है
कि कैसे फ्लैश मुस्कुराता है बिना देखे
कि कैसे नेगेटिव ले लेता है सब कुछ
कि कैसे रोल लपेट दी जाती है
कि कैसे उसे लैब में प्रोसेस करते हैं वे...

कभी हम इकट्ठे शराब पीयेंगे
और इस पर बात करेंगे
उत्तेजित होकर

मुझे याद है वह सवारी
उसकी वह आधी जो मेरी अकेली थी
मेरी हताश आधी
मेरी चुप आधी
मेरी रिक्त आधी उस सवारी की

पूरी दुनिया फॉर्मेलिन सी महक रही थी
सूरज की रोशनी भयानक रूप से प्राचीन दिख रही थी

वे तुम्हें स्ट्रेचर पर ले गये
और फिर उन्होंने तुम्हें मृत घोषित कर दिया
मुझे याद है वे बढ़ती हुई आवाज़ें
मुझे याद है अस्पताल का कॉरिडोर
मुझे याद है लोगों की अति धीमी चाल
मुझे याद है घबराये हुए बच्चे
मुझे याद हैं वे कोशिशें
और समझ पाने से इंकार
मुझे याद हैं वे मोटे हार
मुझे याद है किसने गिने थे पैसे
और किसने सुनाया था चुटकुला
मुझे याद है कौन रोया था
और किसने भाषण दिया था
मुझे याद है किसने गीता से उद्धृत किया था
और किसने सुनाये थे संस्मरण
जब तुम लपटों में जा रहे थे
मुझे याद है किस ने कुछ भी नहीं कहा था

शोक कैंसर की तरह बढ़ सकता है
शोक वाइन की तरह तैयार हो सकता है
शोक अफ़ीम की तरह काम कर सकता है
शोक मृत्यु की छाया है

स्मृति पत्ते गिरा सकती है
पतझड़ के पेड़ की तरह
स्मृति सबकुछ धुँधला सकती है
शराब की तरह
स्मृति फँसा सकती है
एक घटना को
आईनों के पिंजड़ों में
मुझे चाहिए शोक का सिर्फ़
एक आदिम असभ्य घण्टा
इस सदमे से मुक्त होकर
दृष्टि स्पष्ट करने के लिए

मैं चाहता हूँ टकटकी लगाये देखते रहना
तुम्हारी मृत्यु के बोध की
पीड़ादायक चित्रमयता के
अपने उस क्षण को
जिसका चेहरा खो गया है।

मैं उस विस्फोट के केन्द्र में
होना चाहता हूँ
जो मेरी धज्जियाँ बिखेर दे

मैं चाहता हूँ वह शान्त
सजगता विस्तृत ब्योरों की
वाक्य रचना, विन्यास,
विषय, क्रिया
और वस्तु तुम्हारी मृत्यु की
लोच, घुमाव
योग्यता तुम्हारी मृत्यु की

याद है वह सवारी?
वही जिसमें तुम्हारी मृत्यु हुई थी?

मुझे इतना ही याद है
कि गली के रास्ते पर लोगों की बाढ़ थी
मुझे इतना ही याद है
कि गली के रास्ते खाली हो रहे थे

मुझे इतना ही याद है
कि अप्रैल के उस रविवार की दोपहर का
एक विशाल फैलाव था

मुझे वह सूरज याद है
मेरी आँखों में चुभता हुआ
और उस जलती हुई कोलतार की सड़क पर
मैं नंगे पाँव चलता हुआ

मुझे यह याद है कि
बच्चों को कहानी कैसे सुनायी जाये

लेकिन मैं यही भूल गया हूँ कि
चुपचाप कैसे रोया जाता है
या कैसे चिल्ला चिल्ला कर
आदिम असभ्य शोक में
तुमने मेरी एक शक्ति छीन ली है
मुझे दूसरी दे दो, दोस्त

ऐसा भी समय होता है जब एक दोस्त का होना
किसी दुश्मन के होने से भी बदतर हो जाता है
एक मरे हुए दोस्त का मैं क्या करूँगा?
मैं सिर्फ़ बहस करता रह सकता हूँ तुमसे
जीवन के इस पार से

मैं तुम्हें चिट्ठी नहीं लिख सकता
मैं तुम्हें तार नहीं भेज सकता

मैं तुमसे हिसाब बराबर नहीं कर सकता
मैं तुममें दोष नहीं निकाल सकता

मैं सिर्फ़ तुम पर आरोप लगाता रह सकता हूँ
मैं सिर्फ़ तुम्हें मुक्त करता रह सकता हूँ

मैं अकेला हूँ
और मुझे आसानी से आहत किया जा सकता है
मैं जीवित हूँ
और मैं अगली सवारी पर हूँ

मुझे याद है जो पानी मैंने पिया था
और जो सिगरेट मैंने फूँका था

मुझे याद है गरम भात का वह कौर मुँह में

मुझे याद है मेरे पेट की मरोड़

मुझे याद है वह गाना
पड़ोसी के रेडियो पर

मुझे याद है वह अश्लील रिरियाहट
किसी की
मुझे याद हैं गटके हुए वे नीट स्कॉच

मुझे याद है वह गोश्त
मुझे याद हैं वे रोटियाँ
मुझे याद हैं वे नाम, वे पते,
वे टेलिफ़ोन नम्बर्स
मुझे याद है कैसे साँस ली जाती है
कैसे खाया जाता है, कैसे पी जाती है
और कैसे सम्भोग किया जाता है
और बात कैसे करते हैं, चिल्लाते कैसे हैं, चीख़ते कैसे हैं
फुसफुसाते कैसे हैं; और मुँह बन्द कैसे करते हैं
सोचते कैसे हैं, बहस कैसे करते हैं
कैसे अपना आपा खो बैठना है
कैसे कविता लिखना है
कैसे पत्र पर हस्ताक्षर करना है

याद है वह सवारी?
हमारी अन्तिम?
एक साथ, वही जिसमें
तुम्हारी मृत्यु हुई थी?

वह रविवार की सुबह थी
अप्रैल में, याद है?

अप्रैल हर एक साल में होता है
और रविवार हर सप्ताह में
पर दोस्त हर साल और भी कम होते जाते हैं
और अब ज़िन्दगी उजाड़ है
तुम्हें याद है नशे में धुत्त हमारी बातचीत
जो हमने मृत्यु पर की थी एक दिन
जीवित लोगों की बातचीत?

तुम्हें याद हैं संगीत के वे मुहावरे
और तुमने जो कहा था
असंगतों की भव्य स्वर संगति पर
और उस मूल लय के बारे में
सभी तर्कों को संचालित करती वह नब्ज़
समस्त सृष्टि की धड़कन?
अपने मन की झुग्गियों से लेकर
आकाश गंगाओं तक मैं जहाँ तक बाँहें फैलाता हूँ,

इन भावनाओं के अन्धे रक्तस्राव से
सभी कला रूपों के संहार तक,
मेरे पकते घाव की मवाद से
जल की स्पष्टता तक
जिसमें सभी भाषाएँ घुल जाती हैं
और मौन की लहर उठने लगती है,
किसी बहस की भिंची मुट्ठी से
फूलों के खुले भोलेपन तक,
बन्दूक की गोलियों से प्रेमियों के चुम्बन तक,
लोक कथाओं से भारी भरकम शोध प्रबन्धों तक
यह काला विस्मय चिह्न लटकता है
अपने नीचे की बिन्दु में तुम्हारा दबा हुआ चेहरा लिए

मुझे कुछ याद नहीं है

मुझे सिर्फ़ शब्द याद हैं

कण्ठस्थ, सौर प्रणाली की तरह
आदतन, जीवन चक्र की तरह

मुझे कुछ भी याद नहीं है

लेकिन मेरे दोस्त, मैं वादा करता हूँ
शून्य की इस अखण्ड चट्टान में, अपनी छेनी से,
मैं अप्रैल में एक रविवार का शिल्प गढ़ दूँगा

दोपहर होगी, शोक होगा
दहकती गरमी होगी, सन्नाटा होगा
नारियल के स्थिर पत्ते होंगे
लकड़ियाँ होंगी, एक मृत देह और आग

लपटों के श्लोक होंगे
कोबाल्ट रंगे नीले अन्तरिक्ष में घिस कर लिखा
सिन्दूरी उपनिषद होगा

और पंछी बीच हवा में ही रुक जायेंगे
अपनी उड़ान में जमे हुए
पशु ठहर जायेंगे मृतवत्
मानव और मशीन काम करना छोड़ देंगे

मेरी आँखें सोने चली जायेंगी
लाखों लपटों के नीचे
इल्हाम के
फूल की तरह

मुझे कुछ याद नहीं रहेगा
मैं बीच में होऊँगा
उस सवारी के
जिसमें तुम्हारी मौत हुई थी।

पहले बीस नाश्ते (1964-88)

('The First Twenty Breakfasts, (1964-88)'; As Is Where Is, पृ. 15-43)
नाश्तों और मौतों से
(From Breakfasts And Deaths)

*****

पहला नाश्ता : चीज़ें
(The First Breakfast : Objects)

यह सुबह स्वादहीन, रंगहीन और गन्धहीन है :
मैं एक बड़ी मेज़ पर बैठा हूँ।
वेटर मुझे देख रहा है।
मृत्यु सी ठण्डी इस सफ़ेद डिश में
दो फ्राइड अंडे पड़े हुए हैं।
नमक और काली मिर्च की दो डिब्बियाँ
एक कटोरी मक्खन की, एक जैम की,
दो सन्तरे। टोस्ट का एक ढेर।
मैं एक नाइफ और फोर्क उठाता हूँ
और उनके स्टील की बनावट में अपने चेहरे के कुछ हिस्सों को प्रतिबिम्बित देखता हूँ।
अंडे के साथ खाने के लिए बेकन...सूअर के मांस...के स्ट्रिप्स हैं।
मुझे हर एक चीज़ के निश्चित अन्त का एहसास होता है।
इस सुबह पूरा विश्व ठण्डा और तात्कालिक है।
चुपचाप चल रही नाश्ते की इस रस्म पर एक तरह की सिहरन पसरी हुई हे।
ख़ामोशी से परोसा जायेगा सब कुछ मेरी सेवा में।
ख़ामोश सेवा सबसे अच्छी सेवा है।
मैं बहुत अरसे से शब्दों से उलझा रहा हूँ।
मुझे ख़ामोशी में ही खाना चाहिए अब।
मुझे रंग, महक या स्वाद को नाम नहीं देना चाहिए।
मुझे बारीक अनुभवों के क्षणिक स्फुरणों पर ध्यान नहीं देना चाहिए।
मुझे सख्त होना चाहिए : मुझे कृपण होना चाहिए :
मैंने जो माँगा है, और जो मुझे परोसा गया है, उसे खाने के अलावा मुझे कुछ और नहीं सोचना चाहिए।
नाश्ता, तब, हमारी अन्त्येष्टि है

एक व्यस्त मुस्तैद दिन की तरफ़ बढ़ती हुई।
वेटर ख़ामोशी से मुझे देख रहा है कि जैसे मैं ईश्वर हूँ।
और मैं अपने नाश्ते और अपने क्रियाओं का ईश्वर हूँ।
यह सुबह स्वादहीन, रंगहीन और गन्धहीन है।
मैं एक बड़ी मेज़ पर अकेला बैठा हूँ।

दूसरा नाश्ता : मर्त्यता की सूचनाएँ

मुझे पूछा जाता है : "और सन्तरे के रस का क्या रंग है?"
उसका रंग धूसर है, 'ग्रे'। हर चीज़ ब्लैक एण्ड व्हाइट है और इसी के स्पेक्ट्रम के
किसी रंग में होती है। हर चीज़ एक रंग है उसी काले इन्द्रधनुष का।
अपनी नश्वरता की सुबह मैं जागता हूँ।
और यही इस अंडे के स्वभाव में भी है
जो इस समय भुर्जी बना मेरे टोस्ट पर पड़ा हुआ है।
मुझे एक नाइफ और फोर्क दे दिया गया है।
पहले मुझे अपने गला तर करने के लिए
खुशबूदार वाइन, वर्मथ, परोसी गयी। इस काली सुबह जो पहला स्वाद
मेरी जीभ पर पसरा
वह राख का था।
रेस्तराँ में सुबह की हवा में
काली सुगन्ध पसरी हुई है।
जबकि रात, चटकीले स्वाद और रंगों से भरी हुई थी।
जब वह ढल रही थी, एक सफ़ेद सूरज उगा क्षितिज से
तेज़ी से हर कुछ को काला करता हुआ।
यहाँ, मैं टोस्ट को अपने मुँह में तोड़ता हूँ
और स्वाद लेता हूँ मृत्यु के तात्विक कार्बन का।

वह कौन था जिसके साथ मैं पिछली रात सोया था?
मुझे उसका चेहरा याद नहीं है क्योंकि मुझे कोई रंग
याद नहीं रहता। वह गुनगुनी सी थी। मांस का जीवित बहाव था यह।
और बहुत शोर कर रहा था उसका लहू। उसकी साँसें गरम थीं।
हम नग्न थे रात में इस बोध के बिना।

अँधेरे की सोडा-वाटर सतह पर
सितारे फूट पड़ते हैं। लेकिन मुझे कोई रंग
याद नहीं रहता।
मैं कलर-ब्लाइंड हूँ सुबह में।
मेरी स्मृति कलर-ब्लाइंड है अब।
क्या वह वेश्या थी? या यक्षिणी?

क्या वह सत्रह की थी या सत्तर की?
मुझे
कुछ याद नहीं।
मुझे कुछ भी याद नहीं।
यह सब हुआ मेरे जन्म से पहले।
यह सब हुआ
इस विराट अंडे की सतह फूट पड़ने से पहले
मैं अब उसमें नहीं लौटना चाहता हूँ।

तीसरा नाश्ता : कर्मयोग

वेटर मेरी सेवा में तत्पर रहना तुम्हारा धर्म है
लेकिन टिप पाना तुम्हारे अधिकार में नहीं है
कुरुक्षेत्र में अर्जुन से
भगवान् ने ख़ुद यह कहा है।

कॉफ़ी परोसी जा चुकी है। मैं शक्कर के दो क्यूब कप में डाल कर
उसे घुमाता हूँ। अपने ड्रेसिंग गाउन के भीतर मैं नंगा हूँ।
पौ फटने से पहले युद्ध ख़त्म हो चुका था। प्लेट तुरन्त बाद धो दिये गये थे।
मेरे लोग मारे गये? वहाँ तो कोई और था ही नहीं, सिर्फ़ मैं ही था।
मैं ही हत्यारा मैं ही मृतक था।
मैं ही सत्य और मैं ही दुःस्वप्न।
यह सुबह है कुछ नहीं की।
यह सुबह है किसी-नहीं की।
मेरा रक्त और मांस मुझे ही परोसा गया है।
और मैं यह प्लेट चाट कर साफ़ कर दूँगा।
वेटर, क्या तुमने कभी अपना ही रक्त और मांस चखा है?
प्रभु कहते हैं : अपना उपभोग करो
हर चीज़ के जरिये। एक टुकड़ा भी मत छोड़ो।
अन्न और मुँह एक ही अखण्डित तत्त्व हैं
तुम अपने ही हन्ता हो और अपना ही नाश्ता भी।
इसीलिए हे अर्जुन! अकेलेपन का प्रश्न उठता ही नहीं है,
यह सभी कामनाओं और स्वेच्छाओं से मुक्त
तुम्हारा ब्रह्माण्डीय एकल कृत्य है
और कॉफ़ी लाओ, वेटर। वास्तव में कुछ भी जीवित या मृत नहीं होता है।
जीवन और मृत्यु चेतना की महज प्रवृत्तियाँ हैं
आत्म-संहार की पवित्र विस्मृति की रात के बाद
भूला हुआ हर कुछ उतना ही स्थायी है
जितना कि हर कुछ जो याद रह जाय।
रात से सुबह तक सिर्फ़ प्रतीक बदलते हैं

प्रथा वही रहती है।
काले इन्द्रधनुष और चमकते सूरज के बीच
स्थित है तुम्हारा प्लास्टिक आत्म और नित्यता।
वेटर, चीनी दो। मैंने मृत्यु के प्रश्न को हल कर दिया है
यह सुबह रंग हीन।

चौथा नाश्ता : जानने और नहीं जानने के बीच

जानने और नहीं जानने के बीच
एक न बदलने वाली सुबह रहती है
एक निर्लिंग भ्रूण की मुद्रा में।
इस काले और सफ़ेद अन्तराल में
किसी भी चीज़ का कोई रंग या नाम नहीं है।

यह सुबह वैसी ही है जो होती है
लिंग और योनि के मध्य।

यह प्रलय के पहले और बाद की
चुप्पी है। अपनी जमी हुई संगीतमयता में
यह प्रपातों की उत्कंठा है। बिना शक्कर और क्रीम की
यह ब्लैक कॉफ़ी है जिसे मैं पीता हूँ। यह तुम्हारी समझ के परे है
वेटर। तुम, जो नहीं जानते हो अपनी सेवा या मेरे आदेशों की मूल प्रकृति,
या फिर मृत्युसम इस मेनू की,
तुम इस नाश्ते के आध्यात्मिक आयामों को नहीं समझ पाओगे।

तुम, जो यह समझते हो कि यह कटलेट और ये सॉस सत्य हैं,
तुम नहीं समझ सकते कि एक आदमी किस तरह अपना दिन शुरू करता है
अपने ही ऊपर छुरी-काँटे का इस्तेमाल कर।

मैं भोजन की प्रकृति समझता हूँ, तुम समझते हो?
या फिर तुम वह औरत हो, जो बिना जाने ही सब कुछ अर्पित कर देती है।

तुम्हारी सेवा, तब, बर्बादी का मन्त्र है। तुम मेरी सेवा करते हो
क्योंकि तुम्हें गर्व है कि तुम मुझे खिलाते हो,
और यह भोजन तुम्हारा अहं है।
और इस अवस्था में, मैं तुम्हारा यह नाश्ता स्वीकार नहीं कर सकता।
मैं आहार पाता हूँ अन-अधिकार से, प्रेम से भी नहीं
अगर वह अधिकार का खेल हो जाये।

मांस, मेरे लिए, मृत्यु की शुरुआत है।
जीवन एक आदमखोर का नाश्ता है।
यह मेरा चौथा है। मैंने चार रातें
अपने भीतर गुजारी हैं। औरतों के साथ। प्रेम करते युद्ध करते।
चार रातें बिताई जा चुकी हैं
स्त्री-पुरुष की बर्बादी की रस्म पर।

जानने और नहीं जानने के बीच
रहती है निर्लिंग सुबह
एक भ्रूण की मुद्रा में।

वेटर! ब्राह्मण भ्रूण की निर्लिंग मुद्रा है।
नर और मादा सृजन और द्वन्द्व हैं।
शिव और शक्ति आपस में मुख और अन्न हैं।

पाँचवाँ नाश्ता : जॉन सेबेस्टियन बाख के संगीत के लिए

यह संगीत भयानक रूप से सरल और निश्छल है। इसे मद्धिम कर दो।
वह आदमी जिसने नाश्ते में ईश्वर को खाया हो, उसे उसने ख़ुद ही बनाया होगा।
कैसे उसके छुरी काँटे अपने अन्तःकरण से चमकते हैं।
सब कुछ अन्तःकरण है और फिर भी हर कुछ को अपने में ढँकता है,
उसे परिणत करता हुआ। वह साम्राज्यवादी है। वह जीत लेता है जीने की इच्छा को,
प्रेम की इच्छा को; झुक जाने की इच्छा को उस हठी वस्तु के आगे।
बहुत ताकतवर है वह। मैं नहीं चाहता कि वह मुझे उड़ा ले जाये।
मुझे अकेला छोड़ दो, जॉन सेबेस्टियन बाख। तुम महान हो।
लेकिन मेरे पास अपना नाश्ता है खाने को। मुझे आतंकित मत करो
ईश्वर को स्वीकारने के लिए। मैं अपने नाश्ते का ईश्वर हूँ।
मैं वह स्वाद हूँ जो इसे पाचक, पोषक और उत्प्रेरक बनाता है
कृपा करके कम स्वर्गिक रहो, मैं याचना करता हूँ तुमसे
कृपा करो और अच्छे बच्चे बनो, जॉन। अपने प्रति
इतने घोर धार्मिक मत बनो।

मैं हमेशा ही तुम्हारे संगीत से विचलित हुआ हूँ।
बल्कि, किसी भी और चीज़ से ज़्यादा विचलित।
यह मेरे निश्चय के बिल्कुल विपरीत है जबकि।
और, व्यक्तिगत तौर पर, मेरे लिए
व्यथा और आह्लाद का कोई काम नहीं।
मैं वह परम सामरस्य खोजता हूँ
जिसकी शुरुआत शायद मेरे नाश्ते रो ही हो।

क्या तुम कभी इस तरह की रिक्त सुबह देख पाते बाख?
क्या तुम देख पाते कि यह ब्लैक एण्ड व्हाइट में एक प्रस्ताव है?
क्या तुम मानोगे कि जिस पैमाने में यहाँ हर चीज़ नज़र आती है
वह दरअसल बे-रंग है?
क्या तुम मेरी आत्मा को अपने संगीत से बदल सकते हो?
क्या तुम काले इन्द्रधनुष का स्वरूप
चटकीले रंगों की रोशन छटाओं के स्पेक्ट्रम में बदल सकते हो?
इसे कम कर दो आज, बाख।
मुझे यह नाश्ता-पहेली सुलझाना है।
मुझे आन्तरिक शान्ति चाहिए।

छठा नाश्ता : ऑर्गेज़्म

आश्चर्य होता है कैसे : यह ठण्डा गिलास
तना खड़ा है पानी के साथ इस टेबल पर।

नाश्ता ख़त्म, ब्रेड तोड़ी जा चुकी है, याद करो
पंछी दोपहर में; दिन उगता हुआ।

वेटर, तुम लौट आये हो
किचन में अपनी गप-शप में
जो अब धो कर ख़ामोश किये जा रहे बर्तनों से
अबाधित है
आश्चर्य होता है कैसे : हर नाश्ते के
साफ़, मृत्युसम सन्नाटे के पहले एक रात थी
धड़कनों के घंटनादों की, नब्जों की झंकारों की,
स्वेद ग्रन्थियों के विस्फोटों की : और बेसेमर कनवर्टर के बेलनाकार लोहे की तरह,
लँगोट फाड़ती हुई इस्पात से
उगलती हुई अग्नि
नारंगी से लाल से सफ़ेद से
कठोर स्टील की
ठण्डी स्टेनलेस सुबह तक

हम जुड़े, द्विभाजित हुए, हमने सम्भोग किया, हम भूल गये
इन्द्रियों के दहकते चिमटे
और उड़ती चिंगारियाँ, मज़दूर मधुमक्खियाँ
लौटती हुईं जालीदार छत्तों में
जहाँ रानी
बैठती है अपने ठण्डे नाश्ते पर
एक शाही ठण्डक की सिहरन में।

सातवाँ नाश्ता : धोखे

वेटर, ब्रेड ही वह एकमात्र चीज है
जो मानव से छल नहीं करती। मेरा टोस्ट और बटर ले आओ।

एक वेश्या की तरह इस सुबह की भी एक अथाह तरलता
और बेकाबू जाँघे हैं। वह प्यार करती है मुझे;
वह प्यार नहीं करती है मुझे : लेकिन उसे भी ब्रेड उतना ही चाहिए
जितना कि मुझे। वेटर, थोड़ी कॉफ़ी।

एक योनि किसी अलग नाम की...
सुनकर व्यापार सा लगता है। हम प्रजातियों को बाँट कर
लूट का हिस्सा साझा करने को यहाँ हैं;
सम्भोग करने को प्रेम गीत गाने को।

थोड़ा अखरोट का जैम देना। वेटर, मेरी ग्रन्थियाँ
अभी भी दुरुस्त हैं। लेकिन मेरे मन को
लकवा मार गया है। बताओ मुझे हम क्यों
लड़खड़ाते चले आते हैं कभी न ख़त्म होने वाली सुबहों में? अन्यता को
अन्यता से जोड़ते, मिलाते
शून्य को शून्य से?

ऑमलेट, वेटर। मुझे अभी भी उसकी शक्ल याद है
जिससे अ-प्रेम करने का मेरे पास वक़्त नहीं था
और उसे ढंग से प्यार कर पाने में
मुझे एक पूरी सदी लग जाती।

मैं गलत जगह पर गलत आदमी हूँ,
और हम सब गलत कर दिये गये हैं।

आठवाँ नाश्ता : धर्म

कप से लेकर परिकल्पनाओं तक, वेटर, यह तश्तरी
हमेशा उड़ती रहती है। इस दमदार कॉफ़ी की जली हुई ख़ुशबू,
दालचीनी पॉडर और, गन्ने के अद्भुत रूपान्तरण से बने ये मीठे स्फटिक,
मानव स्वाद ग्रन्थि की कोपलों की ये खुली पंखुड़ियाँ
खुद को फैलाती हुईं हर सुबह
स्वीकारने को
दिव्य स्वाद।

हमारे चम्मच बाहरी अन्तरिक्ष में पहुँच जाते हैं
और हम चाँद को चाटते हैं
जब तक कि वह
नया न हो जाये।

बड़ी प्रगति कर ली गयी है, वेटर,
कि हम आनन्द ले सकें अपने नाश्ते का।
चूरा, पीटा, खमीर उठाया, उगाया,
पकाया और भूरा किया
हमारा रोज़ का ब्रेड
ब्रह्माण्ड के प्रोटीनों से बना है।
वे पहुँचते हैं हमारे बहुमुखी मुँह में
पीसे जाने को
हमारे कठोर दाँतों से।
या फिर, मांस की ही बात करो, वेटर।
गड़रिया हमेशा से जानता है कि उसकी भेड़
भविष्य का मांस है भले ही वह अभी शान्ति से चरती रहे चरागाह में
कसाईखाने में पहुँचने तक।
वह अबोध पशु फिर काट दिया जाता है।
चमड़ी उधेड़ कर, काट कूट कर, टुकड़े टुकड़ों में बाँट दिया जाता है।
हड्डियों से अलग किया मांस ग्राइण्डर में कीमा बनता है।
मत भूलो कि प्रभु हमारा गड़रिया है
और यह कि हम बने ही हैं बलि होने को, बना दिये जाने को
कटलेट, जिसे सॉस और सुन्दर सजावट के साथ परोसा जाये
तुम जो ला रहे हो, वह अद्भुत कुशलता से परोसा गया मेरा भाग्य है मेरी डिश में।

नौवाँ नाश्ता : ज्योतिषीय भविष्यवाणी

वेटर, कभी कभी सॉसेज* भी
शनि की आती हुई छाया का अपशकुन बता देता है। उदास दिनों की शुरुआत
महत्त्वहीन सी होती है। लेकिन कुटिल दिवस
भविष्यवाणी कर देते हैं अपनी चाल की। प्लेट में रखा मासूम सा सॉसेज
नाग में बदल जाता है। और तुम जान जाते हो कि
पारी पलटने लगी है।
शनिवार को कभी भी तुम्हें
घोड़े की नाल नहीं मिलती है नाश्ते में।
लेकिन एक ज़ोरदार आग्रह ज़रूर मिलता है
सुबह के सम्पादकीय में
नागरिक होने के कर्तव्य पर।
यहाँ, जहाँ गायें पवित्र हैं और
सूअर निषिद्ध, एक भूखी भीड़
घूरती है तुम्हारे नाशकारी सॉसेज को,
जिसके आकार में ही शिवलिंग का अपमान निहित है,
और भोजन तुम्हारे गले में अटक जाता है
क्योंकि तुम जानते हो
एक आदमी दूसरे का नाश्ता है।

नहीं। शुक्रिया। मैं सिर्फ़ टोस्ट और चाय लूँगा।

* सॉसेज गाय या सूअर की आँत में उसके मांस का कीमा भर कर बनाया गया एक भोज्य है जो बेलनाकार होता है।

दसवाँ नाश्ता : कल्कि का आगमन

तुम जानते हो वेटर,
क्या समय हो रहा है?

नहीं। मेरा मतलब है
पूर्णता के अर्थ में।

हमारे उद्धारक, विष्णु के दसवें अवतार का
समय तो कब का हो चुका है।

यह एक वैश्विक
आपातकाल है। लेकिन कोई भी ईश्वर
समय पर नहीं आता है।

और विष्णु तो बिल्कुल भी नहीं,
जो देर से सोते हैं और
लक्ष्मी उनका पैर दबा रही होती है।

सोचता हूँ द टाइम्स का सम्पादक
क्या लिखेगा
विष्णु के आगमन पर।

शायद वे अभिवादन करेंगे
उनका
एक उपहास भरी चुप्पी से।
आख़िर देव और देवियाँ
भारत के लिए नये नहीं हैं
और गुरुवार और शुक्रवार तो
सहस्राब्दियों का प्रारम्भ भी कर सकते हैं।

विष्णु को, जितना कि तुम जानते हो,
काल और अन्तराल के स्वामी होने के

बावजूद भी
विशेष विज्ञापन के जरिये
अगले गुरु की तरह
अपने दसवें आगमन की सूचना देनी पड़ेगी

तुम्हें लगता है मैं भ्रष्ट या मज़ाकिया हो गया हूँ, वेटर?

यह देश नरम उबले
अंडे की तरह है...
बिना नमक
और काली मिर्च के।

ग्यारहवाँ नाश्ता : ग्रहण

वेटर, अब आता है सूर्य ग्रहण :
ऐसे मौक़ों पर मेरी दादी पूजा और उपवास करती थी।
एक श्रद्धालु हिन्दू विधवा, जिसने अपने जीवन में कितने ही सूर्यों को
राहू और केतु से बचाया,
लेकिन बावजूद इसके,
अब वह मर चुकी है।

मैं उपवास नहीं रखता ना ही मैं पूजा करता हूँ।
यह दुनिया मेरी आख़िरी है; और यह धूसर है।
वह निकल चुकी है चक्राकार पुनर्जन्मों में अपनी आस्था लिए;
मैं अपने एक ही जन्म के विश्वास पर अड़ा हुआ हूँ।
मेरी आज़ादी; मेरे भय। मेरे कठोर उबले अंडे।
मेरे बेकन के टुकड़े। नंगी हड्डियों से चिपटी हुईं
मेरी क्षीण भावनाएँ। मेरे कुरकुरे स्कॉटिशस्कोन्स...सादे केक,
मेरा टोस्ट, मेरा अध्यात्म, मेरी राजनीति, मेरा मक्खन।
तुम्हारी कॉफ़ी मेरी अन्तरात्मा;
और ये सभी तुच्छ और नगण्य
महक और स्वाद
इस टेबल हुई दुनिया के...
ना ये छँटते हैं ना सोचते हैं
...जब मैं अपनी भाप उठाती कप उठा कर
होंठों से लगा रहा होता हूँ
चुस्कियाँ लेता इस महान, रिक्त,
और ऐन वक़्त पर छन कर निकले
सत्य के क्षण की।

बारहवाँ नाश्ता : सुबह के पंछी

तपेदिक के रंग : फीके पीले, आ रहे हैं
असली दिन के फूटने से पहले। अनिद्रा ग्रस्त
हम दोनों कब के बिस्तर से बाहर आ चुके हैं।
और तुम, वेटर, हमेशा यहाँ मौजूद रहते हो।

नाश्ता अभी तैयार नहीं है। तो हमें कॉफ़ी दे दो।
हमारी बातें सुनने की कोशिश मत करो, ये मोहतरमा बहुत परेशान हैं।

हम दोनों यहाँ और तुम वहाँ, वेटर।

हमसे अभी भी उस किये गये प्रेम की महक उठ रही है;
और ऊबे हुए सेक्स के उस कड़वे ताने ने
मेरी आँखों के नीचे अपना काला घेरा जड़ दिया है।

सुबह अपनी आदिम ताज़गी के प्रहार से हमें भोंथरा कर रही है।

हम उम्मीद करते हैं, अनमने ढंग से, कोयल की कूकों की।
हम उम्मीद करते हैं अचानक घास के उग जाने की
कोलतार से। हम उम्मीद करते हैं
दूसरों से कि वे अपनी चमड़ी से बाहर निकल कर आयें
और रोयें
भोलेपन से, उल्लसित होकर, बेमतलब के।

वेटर, दूर ही रहो
उस दूरी पर जो धुँधला देती है।

तेरहवाँ नाश्ता : मनहूस

मनहूस नम्बर : फिर भी परोस दो, वेटर।
मैं अब सब कुछ भूलने को हूँ।
सुबह क्लोरोफॉर्म सी महकती है,
सूरज की रोशनी सूखते लहू सी।
कहीं कुछ घाव सिल दिये गये हैं।

अचानक डरता हूँ कि मैं अपने दाँत खो चुका हूँ
मेरी जीभ सुन्न है।

क्या कॉफ़ी से फ़ायदा होगा?
क्या ऑमलेट से मदद मिलेगी?
और मेयोनीज से?
और नमक से, काली मिर्च से?
सुबह का यह अख़बार कुछ करेगा?

वृहत बोधगम्यताएँ
जो मुझे घेरे रहती थीं
मद्धिम होकर अब अदृश्य हो चली हैं।
सिर्फ़ तुम, वेटर, स्पष्ट हो।
लेकिन बाकी सभी स्मृतियाँ अब दूर हैं।
मैं अपनी ही मृत्यु से होकर जी रहा हूँ
एक अनमने नाश्ते की
इस ठण्डी चकाचौंध में।

चौदहवाँ नाश्ता : 17वीं सदी के सन्त कवि, तुकाराम से

ठीक है, तुम जीत गये तुकाराम।

वेटर, टोस्ट पर अंडे की भुर्जी।

मैं सिर्फ़ कविताएँ लिखता था, तुम चमत्कार करते थे।
लेकिन अन्ततः हम सभी अमर हैं।
मैं तुम्हारी बराबरी का होकर जीता हूँ क्योंकि तुम मर चुके हो।
तुम्हारे शब्द तुम्हारी ज़ुबान के बाद भी ज़िन्दा हैं जैसे कि बिल्ली के बिना कोई मुस्कान।
एक छिपे अर्थ की तरह तुम मेरी पंक्तियों के बीच में से उग आते हो
और इतना ही नहीं, मेरी बला से, तुम इशारे से बताते भी हो यह सब।

मेरा अन्न ही मेरा ईश्वर है।
तुम्हारे लिए वह तुम्हारा मुँह था।
लेकिन जो दरअसल मायने रखता है, वह है खाने की असली क्रिया
और ना ही नाश्ता ना उपवास
सिर्फ़ एक टुकड़ा टोस्ट का थरथराता
लार के प्रलय में
बाढ़ लाता हुआ जीभ पर।

पन्द्रहवाँ नाश्ता : दिन का समाचार

दिनों का ह्रास होता है। दोपहरें सड़ कर
रातों में बदल जाती हैं। रंग चकनाचूर हो जाते हैं,
स्वाद-सुगन्ध जर्जर हैं। वेटर, अब मैं अपनी छाया में मुँह छुपाता
एक मुड़ा-तुड़ा आदमी हूँ,
वस्तुनिष्ठ वास्तविकता से आक्रान्त एक हिन्दू।
दिन के समाचार पर चिन्तन करता हुआ
एक संशोधित सन्त, दरका हुआ कॉफ़ी के कपों के बीच।

अकाल पशुओं और लोगों को
मारे जा रहा है।
जल दुर्लभ है
वे लड़खड़ाते हुए इस शहर की तरफ़ आ रहे हैं
उड़ती हुई धूल के बीच एक धूसरित झुण्ड
जिसे धरती से अलग देख पाना मुश्किल है
वे जीवन का एक दैत्याकार रूप हैं।
एक मरता हुआ डाइनोसोर, हारा हुआ, कुछ भी समझ पाने में असमर्थ।
कोई क्रान्ति नहीं मेरे लिए, दलिया दो मुझे और थोड़ी और कॉफ़ी भी।
मुझे दुःख है, लेकिन उन्हें मरना होगा।

लेकिन यह अच्छा ही है उनके लिए। जीना कभी वे जान ही नहीं पाये।
अगर कुछ था तो वह उद्दीपन के प्रति
उनके हाड़-मांस के कीचड़ की प्रतिक्रिया भर ही थी।
वे लोग अब लौट जायेंगे मिट्टी में
पानी के बिना
क्योंकि यही कर्मों का चक्र है।

मुझे ख़ुशी है कि मैंने बेहतर कर्म किया
कि पा सकूँ यह टोस्ट और बटर
और अपनी व्यथा बता सकने के लिए
अंग्रेज़ी बोल सकूँ।

वेटर, बिल। यह एक अद्भुत सुबह है, चमकती हुई।
सूर्य अब कर्क में आ चुका है।
मेरे दुःस्वप्न ढल चुके हैं।
मैं अब अश्वत्थामा की तरह स्वस्थ हूँ
या एक भटकते यहूदी की तरह
और ये शताब्दियाँ मेरा अनाज हैं।

सोलहवाँ नाश्ता : कालिदास को याद करते हुए

कालिदास याद है, वेटर? वह महान संस्कृत कवि
जिसने मेघों को दूत बना कर
गीतों की बारिश भेजी थी
अपनी दूरस्थ प्रेमिका के लिए।

एक अचानक असह्य और मधुर
पीड़ा से भर उठा था वह
जब उसने आषाढ़ के पहले दिवस
सावन की पहली आहट को सुना था।

सावन बहुत दूर है। उसकी भविष्यवाणी नहीं की जा सकती।
वे हवाई क़िले नहीं बनाते हैं यहाँ,
वे सिर्फ़ अगले सावन के सपने देखते हैं।
और भाग्य ही सबसे उत्तम तकनीक है उनके लिए।
मराठी में, किसी का अनुभव इस बात से नापा जाता है कि
वह कितने सावन देख चुका है।
और इसका मतलब है कि उसने कितनी बाढ़ और कितने सूखों को देखा है।
वेटर, आज नाश्ते में मैं ह्विस्की लूँगा।
मैं इस शाश्वत व्यग्रता को
तुरन्त आनन्द में बदल देना चाहता हूँ।
क्योंकि जीना इस जगह
दिन की रोशनी में उतना ही स्पष्ट है
जितनी कि गरीबी।

मेरा पूर्वज, कालिदास, आख़िर एक कवि था
अपनी शास्त्रीय वासना में रमा हुआ,
उसकी देह भाषा की साँसें लेती थी जैसे कि बाँसुरी संगीत की,
जब कि मैं अभिशप्त हूँ जागते ही वियतनाम पर ताज़ा अमरीकी बम वर्षा
या अपने देश में कुपोषण से होती धीमी मौतें पढ़ने को।

मेरे लिए कच्चा गौ मांस लाओ मेरी ह्विस्की के साथ
क्योंकि शराब और अन्न ही हमें इंसान बनाते हैं
और प्यारे दलाल, एक नितम्बिनी ले आओ कि मैं सो सकूँ उसके साथ
क्योंकि सम्भोग हमें फरिश्ता बना देता है।

और बुद्धिमान साथी, कुछ कविताएँ दे दो मुझे पढ़ने के लिए :
क्योंकि कविता पढ़ना हमें ख़ुद ईश्वर बना देता है।

सत्रहवाँ नाश्ता : विश्व समाचार

अब मीडिया को लो, वेटर,
आज का अख़बार कल की परम्परा है। काली घुनघुन करती
टाइपोग्राफीय गैलनों हेडलाइंस
टेलीप्रिंटर के तूफ़ानों का सामना कर
प्रतिदिन की
दैवी उदासी में आते हैं।
आक्रामक उद्दीपनों से खुरच कर और गिद्ध सूचनाओं से छलनी,
मेरे कान की लहूलुहान लोलकी संयत रहती है
वियतनाम से समाजवादी नारों तक
भारत में, नेगेटिव आयन से पोलिमर पानी तक
बहु-विवाह तक, पुरुष मात्र और आचार शास्त्री की
मूल भंगिमाओं तक। सूचनाएँ शुक्राणुओं सी उड़ती हैं
अंडाणुओं के बीच दिशाहीन, निषेचित करती पदार्थ और मन को।
क्या तुमने विश्व-व्यापी फ्लू के बारे में सुना है?
छींको, वेटर मीडिया सर्वव्यापी है
और वाइरस प्रतिरोधी
जीवन के उसी तर्क से।

नाश्ते पर हम में से हर एक व्यक्ति
मखमली गर्भ नाल से अपने गाल रगड़ता हुआ
एक मासूम भ्रूण है,
जबकि वह भौंडी माँ
दिन के उजालों के दुःस्वप्नों की बाढ़ में
रेंग रही होती है
चमकती हुई सजाओं की तरफ़।

अठारहवाँ नाश्ता : अ-सुबह—एक लय

वे अब मुझे शराबी समझते हैं, वेटर; तुम्हारे दूसरे ग्राहक
जिनकी रातें उत्सव हैं, अभी भी जारी हैं और सिर्फ़ मैं, जो हमेशा जगा रहता हूँ, गौर करता हूँ
भोर की तरफ़ हुए रात के निर्णायक घुमाव पर, अभी ठीक एक मिनट हुआ है मध्यरात्रि के बाद।

मुझे लगता है यह मेरी हड्डियों में है : क्योंकि हर लयात्मक चक्र का
अपना एक काल होता है : उसका श्वास त्याग और रिक्तता,
और होता है सम...श्वास भरने की शुरुआत।
भाटे और अगले ज्वार के बीच
स्थित होती है मापने की विलक्षण प्रतिभा :
मैं जानता हूँ ठीक किस जगह रात ढलने लगती है और दिन निकलना शुरू हो जाता है,
भले ही दिन और रात उसी एक अन्धकार में
बुद्धि से कल्पित दो अलग बिन्दु हैं
मैं जानता हूँ कि लहू की आदत भी
सितारों की आदतों सी ही है।

तो क्या फिर यह अ-सुबह है, जैसा कि दार्शनिक कहते हैं?

तब तो मेरा नाश्ता ले आओ।
क्योंकि मेरे नाश्ते ही मेरी उन सुबहों के भरोसेमन्द सूचकांक हैं, जिनसे मैं दो-चार होता हूँ
और मेरा भूखा रहना ऋतुचक्रों की संक्रान्ति है।
जब मैं उपवास पर होता हूँ, इंसान भूखा होता है;
जब इंसान खाता है, मैं भोज करता हूँ।

मैंने नशे में रहूँ या ना रहूँ लेकिन मैं उत्सव आरम्भ करने लगा हूँ, वेटर।
यह मेरे भविष्य कथन की सुबह है।
और यह भविष्य कथन आदि ताल पर आधारित है
मैं जानता हूँ
उसके आरोह अवरोह; उसके ज्वार भाटे;
ध्रुवों और विरुद्धों का घुल जाना उसमें।

वेटर, मेरे लिए सभी महान ब्रेड ले आओ एक ही थाल में
विश्वामित्रों से कार्ल मार्क्सों तक।
मैं सभी विपरीत विश्वों का आहार करना चाहता हूँ :
क्योंकि मैं
आदमी हूँ
जिसकी सुबहें क्रमवार हैं, उनमें अचानक छलाँग नहीं लगा सकते।

उन्नीसवाँ नाश्ता : ख़ुमार

एस्प्रिन, वेटर और एक गिलास
छाछ दो आज सुबह

चिन्ता के बजाय
सिरदर्द है मुझे।

यह शहर जिसे हम प्यार करते हैं
बेकाबू हो रहा है। अजीब चीज़ें
होने लगी हैं।
शायद कुछ देर बाद
मैं कॉफ़ी लूँगा।

यहाँ तक कि फोरस रोड की
वेश्याएँ भी ठगने लगी हैं।

सिर्फ़ हमारी आत्माएँ ही
वे झुग्गियाँ हैं
जो साफ़ नहीं हो पायी हैं
अब तक।

नहीं तो हम
और पचास लाख को
अपने बिस्तरों में ले जाते।

मुस्कुराओ मत, वेटर।
देखो कितनी शान्ति से
सिर्फ़ पुलिस वाले जीते हैं?

बीसवाँ नाश्ता : स्मृति राग के बिना

स्मृति राग के बिना, वेटर, मैं देखता हूँ पलट कर
अपने विकास पर
माँ के दूध से
छपाई की स्याही तक।
किपलिंग ने उम्मीद नहीं की थी कि
नेटिव्स—यहाँ के मूल निवासी—
इन चकरा देने वाली ऊँचाइयों तक
पहुँच जायेंगे।
अटलांटिक के इस किसी भी तरफ़ नहीं
मैं पूर्वी कला का अभ्यास करता हूँ
साहब की भाषा में,
फलालेन या ट्वीड पहनता हूँ
और ढंग का नाश्ता भी करता हूँ
मैं बिस्तर में गया हूँ
कामुक औरतों और घोर धार्मिक स्त्रियों
के भी साथ
मैं उठा बैठा हूँ
नयी दिल्ली में
उन स्वर्गिक लोगों के भी साथ
इसमें कोई शक नहीं कि मैंने
कुछ राजनैतिक गलतियाँ भी की हैं।
पर ईश्वर महान है
और नौकरशाही दिलदार।
लोक सेवा और पुलिस हद से ज़्यादा दयालु है
और मन्त्री कृपालु।
इसके अलावा, जैसा कि तुम जानते हो,
एक निरक्षर देश में
कलम की चूकों को जल्दी माफ़ कर दिया जाता है।

और इसलिए मैं बैठा हूँ
अपनी छोटी सी तोंद लिए
पहन कर एक मुड़ा तुड़ा सिल्क शर्ट और काले चश्मे
उनको लम्बी डगें भरते देखता
देखता हुआ नार्सिसस की तरह नाश्ते के अपने चमचमाते प्लेट में
डूब कर मर जाने से डरता हुआ।

खो चुके पुत्र के लिए अधूरा शोकगीत

(आशय के लिए)

('An Unfinished Requiem for a Lost Son'; As Is Where Is, पृ. 291)

पूर्व आवृत्ति

यह सहस्राब्दि मेरे लिए पहले ही बीत चुकी थी।
मैंने स्वप्न देखा मृत्यु हमें पृथ्वी पर प्रेम के सभी जन्मों से मुक्त कर रही थी
मैंने स्वप्न देखा तुम्हारी शुरुआत का
मैंने तुम्हें साँस के लिए संघर्ष करते देखा
मैंने स्वप्न देखा हर कुछ का जो जीवन को उसका अर्थ देती है
मृत्योन्मुख क्रियाएँ, मृत्यु को नकारते कर्म
मैंने स्वप्न देखा तुम्हारी माँ और तुम मुझसे अलग हो रहे थे
जैसे बुझने से पहले तेज़ी से चमक उठा तारा ऊँची तल्ख आवाज़ में गा रहा हो
दूर किसी आकाशगंगा में
मुझसे हमेशा के लिए खो गये पुत्र
मेरे शव परीक्षण में तुम्हारा भी अंश मिलता है
जिसके लिए मैं तारों से जड़ी चादर नहीं ढूँढ़ पाता हूँ
मैं एक रोशनी हूँ जो ख़ुद से ही दूर कर दी गयी है
मृत्यु के जीवित बल से जो हम पर अपनी साँस छोड़ रहा है
हम यानि हर वो चीज़ जिसे नाम दिया जा सकता है
रसायन, खनिज, जीव,
रेडियम, और व्हेल, लोहा और बरगद
पेड़, स्वर्गिक मछली और पार्थिव पशु,
हड्डियों के एकदम करीब एक गर्जना,
बादल का फटना और कड़कती बिजली का लौटना
अमरता के अंडे में

पहली आवृत्ति

मुझे संकेतों पर गौर करना था
ज्वालामुखी का फटना, धरती का कम्पन, मछलियों की बेचैनी,
और पशुओं की घबराहट। किसी अनिष्ट का संकेत,
जन्म लेते शिशु की पहली थरथराहट जिसने बनाया मुझे
पिता और अपनी ही बनाई दुनिया का मुख्य अभियुक्त

एन्ट्रोपी के सिद्धान्तों के ख़िलाफ़ उगाये गये पेड़
आभास मात्र थे उस जंगल का जिसे हमने बनाया था और जिसमें हम बसते थे
लिखे हुए मेरे ही हाथों की स्याही से तुम और तुम्हारी माँ, मेरी
लेखनी और भोजपत्र। मैं टॉथ था, टॉडेस्फ्यूग, मृत्यु की आवृत्ति की धुन शुरुआत से ही
मैं इन्तज़ार करता तुम्हारा पत्थर का ताबूत था, तुम्हारा इन्क्यूबेटर
मैं तुम्हारी हवा था और ऑक्सीजनहीनता
मैं जीवन के हर रूप पर ज़हर के कण बरसाता बादल था
मैं विश्वासघाती था मनुष्यता का, गद्दार बना हुआ आदमी
मेरी कहानी शुरू होती है जहाँ एब्राहम की ख़त्म हुई थी
अपने पुत्र के बलिदान पर
या प्रह्लाद की आस्था पर और तुम्हारा अपना भाग्य
सच सिद्ध हुआ था, सच सिद्ध हुआ था मेरा वह पहला प्रायश्चित्त
ईश्वर के उपवन में किये गये उस पाप का जो तुम्हें धरती पर ले आया
बलिदान, कोई भी बलिदान, एक कविता तक कर देगी
हे सर्प जिसने उस सर्वव्यापी सेब को चमक से भर दिया था
ईश्वर के उपवन में, धन्यवाद तुम्हें
हमने अपना पहला अनिश्चित टुकड़ा काटा ज्ञान और नश्वरता का

दूसरी आवृत्ति

यहाँ क्या पक रहा है? मांस की यह सुगन्ध कहाँ से उठ रही है?
कौन पका रहा है ज्ञान की जड़ी-बूटियों से जीवन का तेल?
कौन भूखा है? कौन उन्हें करा रहा है मानव का यह भोज?
क्या यह यज्ञ है हमारे प्रमुख पूर्वज की तुष्टि का, हमारे वंश के जनक का?
हे रक्तरंजित पूर्वजो, मैं तुमसे पूछता हूँ
अपने शोक की ज़मीन से, अपनी क्षति की रणभूमि और मन्दिर से
मैं सिर्फ़ अपने पुत्र के लिए ही शोक नहीं कर रहा, मेरा शोक सबके लिए है
जो अपनी ही मनुष्यता के लिए एक छोटी जगह ढूँढ़ते हैं और जो उन्हें नहीं दी जाती है
जो अस्तित्व के बुलबुले में जीते, फूटते और गर जाते हैं
तात्कालिकता के इस माहौल में, चुप्पी के इस मौसम में, यह गहरी निराशा
आक्रान्त करती है इस भंगुर ग्रह पर एन्ट्रोपी की खिलाफ़त करती हमारी आबादी को
एक मर रही आकाशगंगा में
हम जो दूसरों की मृत्यु पर भोज करते है, हमें कभी क्षमा नहीं किया जायेगा
क्योंकि ईश्वर अपनी अथक अग्नि में दाह संस्कार के लिए ही रचता है
हर चीज़ को जो उसी से उगती है

अन्तिम आवृत्ति

मैं कहाँ था जब तुमने अन्तिम साँस ली थी?
तुम कहाँ थे सत्य के मेरे क्षण में?
हम उस विश्व के नक्शे में कहाँ थे जिसने हमें बाँट दिया

और लपेट कर रख दिया उस संसार को जिसमें हम अपनी सम्वेदना में बसे थे
मैं कहाँ हूँ अभी अपनी सम-बिन्दुओं से वंचित कर दिया हुआ
और तुम कहाँ स्थित हो इस लगातार उग रहे विश्वज्ञान की ईश्वरीय कविता में?
मुझे माफ़ कर दो, मेरे बेटे, मुझे दुख है तुमसे ऐसा कहते हुए
जबकि मैं जानता हूँ कि
तुम मुझे नहीं सुन सकते वहाँ से जहाँ तुम चले गये हो

अवरोह

झुलसी हुई इस बगिया की हर एक पीड़ा एक पेड़
हुआ करती थी। मेरे घाव अब नज़र नहीं आते
लेकिन दर्द की छाया मेरे अस्तित्व पर फैली है।
हर मौसम ने अपनी अपनी आग पर भूना
मेरी देह को, मेरे मांस को राख कर दिया
इसे ही अब मैं अपना अनुभव कहता हूँ
और अब मुक्त होकर उसके बन्धन से मेरी स्मृति
उगती है विशाल वृक्ष बन कर
जो यथार्थ के सभी बागों के योग से भी ऊँचा है।

गुरुदत्त मृत पाये जाते हैं

('गुरुदत्त मेलेला आढळतो'; एकूण कविता 2, पृ. 279)

स्वप्नों के प्रिंटिंग प्रेस की गीली स्याही की महक अभी जब
मेरी पलकों पर है ही अक्षरों के झुण्ड उमड़े चले आ रहे हैं
द टाइम्स के मुख पृष्ठ पर गुरुदत्त मृत पाये जाते हैं
और बिलबोर्ड पेंटर का ह्वाइटवाशिंग ब्रश विशाल पोस्टरों पर लुढ़क जाता है
लघु समाचारों के टंकित अक्षरों के दीमक अपनी बामियों से फूट पड़ते हैं
और काले अक्षरों का रेला एक अनजान लाश पर रेंगने लगता है

समुद्र तट गुरुदत्त को मृत पाते हैं
फलों से लदी डालियाँ गुरुदत्त को मृत पाती हैं
अनन्त भीड़ की धड़हीन और उमड़ती क़तारों के सामने
बॉक्स ऑफ़िस खुलते हैं जिनके दरवाज़े पर ही
गुरुदत्त मृत पाये जाते हैं
सेट्स और लोकेशंस के भँवर में भटकती हैं
सेल्युलॉएड की अनियन्त्रित आँखें
और महापाप सी प्रखर क्षुब्ध फ्लड लाइट बरसती है
ऊँचे दीपस्तम्भों से उनके विसरा पर
शरीर उधेड़ कर देखती हुई
गुरुदत्त मृत पाये जाते हैं
और लोग देखते हैं बाल्कनी से नीचे
बस का कण्डक्टर भी चर्चा में शामिल हो जाता है
अकबकाई भकचकाई भीड़ गम्भीर हो जाती है
जिस जगह कभी क्यू लगती थी
वहीं
गुरुदत्त मृत पाये जाते हैं।

फटाफट लाइटें जलीं अँधेरे में ही फ़ोन की घण्टियाँ गूँज उठीं
काली अँधेरी सड़कों पर हेडलाइट्स सीत्कार उठीं
और वाहिदा रहमान के चेहरे को बार-बार नयी तरह से पहचानने वाला
अपने धूसर चेहरे से धुन्ध और पसीना पोंछता हुआ
हृदय की गहराई में एक असाध्य सेल्युलाइड दबाये हुए

सूखे बूटों में कन्धे पर कोट डाले चला जाता है
मुम्बई रिक्लेमेशन की ज़मीन की तरफ़ तारों के बुझने के बाद तक भोर में, वही
गुरुदत्त मृत पाये जाते हैं।
मर जाने पर ठण्डे पड़ जाते हैं हाथ और आँखें
आकाश की क्षीण होती धक धक तले नीला पड़ता कपाल
बुझता जाता है, ठण्डी पड़ जाती हैं रंध्रों से उगी घास और हृदय के उत्तर, मरने पर
बिल्कुल ही नहीं सुनाई पड़ती है गीता की आवाज़
और ठण्डा पड़ कर बहुत गहरे गड़ता जाता है ठहरे हुए कानों में
बर्मन का ऑर्केस्ट्रा।

कैमेरे टकटकी लगाये देखते रह जाते हैं
कहीं खोए हुए से लेंस फ्लैश चमकाते हैं
ओ हो
गुरुदत्त मृत पाये जाते हैं
हज़ारों पोस्टर्स से होता नहीं है बदलाव
उस तीव्र-गहन छवि का। होती है रिलीज
पिक्चर इलेक्ट्रिक के हास्य-पलों में।
हम रास्ते रस्तों पर, नुक्कड़ नुक्कड़ पर गुनगुनाते हैं
गाने, हम दोपहर की चिलचिलाती धूप में
जाते हैं सिनेमा हॉल के अँधेरों में डूब कर तर जाने को
वहाँ पर्दे पर रोशनी के बीम में आदमी का चेहरा सघन हो जाता है
सूई के भीतर से आती है मनुष्य की आवाज़
अचेत पर्दे पर एक एक कर सभी इच्छाएँ मर जाती हैं
क्षणार्ध के विस्तार में कल्पना के गहन सप्तक फूट पड़ते हैं
मैं चाय की दुकान पर कोने में दुबक कर खड़ा हूँ बारिश से बचते हुए
अब घुस रहा हूँ सिनेमा हॉल में मैं
मैं सुनता हूँ पाताल से स्वर्ग तक
अमोघ और निःशस्त्र ध्वनिमुद्रण...
मैं सुनता हूँ सहगल की आवाज़ में
मन पर अविरोध अंकित ज़ौक की ग़ज़ल
"...अपनी बला से बादे सबा
अब कभी चले...
...लायी हयात..."
गुरुदत्त मृत पाये जाते हैं

और बढ़ते हुए पॅनोरॅमिक हाथ
फैला हुआ सिनेमास्कोप पर्दा
थिरकता लहराता प्रकाश लौटता है
फिर से फ़िल्म पर केमिकल की फीकी परत में

प्रकाश की उस सूक्ष्म ध्वनि में
एक फूटती लहर
हमारी अपनी मृत्यु सी
मुम्बई की सभी पहचानी सड़कों को ब्लैक एण्ड ह्वाइट में बदलती
डगमगा लड़खड़ा देती है...मैं फिर से देखता हूँ
पेपर के पहले ही पन्ने पर
मेरे स्वप्न के छपाई खाने में मृत्यु की
गीली स्याही में झूलते
मेरे रोंगटे खड़े करते
ठीक मेरी पलकों के सामने
ओह!
गुरुदत्त मृत पाये जाते हैं

के.मा. जोशी, भविष्यद्रष्टा, निःसन्तान मरे, उनके मर्त्य का मुक्त भजन

('के.मा. जोशी, पारद्रष्टे, निपुत्रिक वारलेले, यांच्या मर्तिकाचे मुक्त भजन'; एकूण कविता 3, पृ. 712)

1.

केशवराव* तुम्हारा हार्ट
फेल हो गया
दो दीवारों पर आमने-सामने
दो घड़ियाँ
बिल्कुल बीच में तुम्हारा ठण्डा कपाल निश्चेष्ट

पत्नी पहले ही चली गयी
उसका हार पहना
फ़ोटो दीवार पर था।
आजानुबाहु और खुले बदन
तुम्हारे पिता
अपनी फ़ोटो में से तुम्हारी तरफ़ देख रहे थे।
राणा प्रताप और साईं बाबा
उड़ते हुए हनुमान
तुम्हारी तरफ़ देख रहे थे।
अड़ोसी-पड़ोसी
तुम्हारे शव की तरफ़ देख रहे थे।
ऐसे समय
तुम्हें किसका भविष्य
चित्रपट की तरह दीखा था?
तुम्हारा क्षितिज-समान्तर शरीर
किस काल पर लेटा पड़ा था?
अब इस फ़र्नीचर का क्या होगा?
क्या होगा इन आईनों का?
क्या होगा इन सभी फ़ोटो का?
कौन डालेगा तुम्हारी स्वर्गीया

---

* महाराष्ट्र में किसी के नाम के आगे 'राव' जोड़कर उसे सम्बोधित करना उस व्यक्ति के प्रति आदर का सूचक होता है।

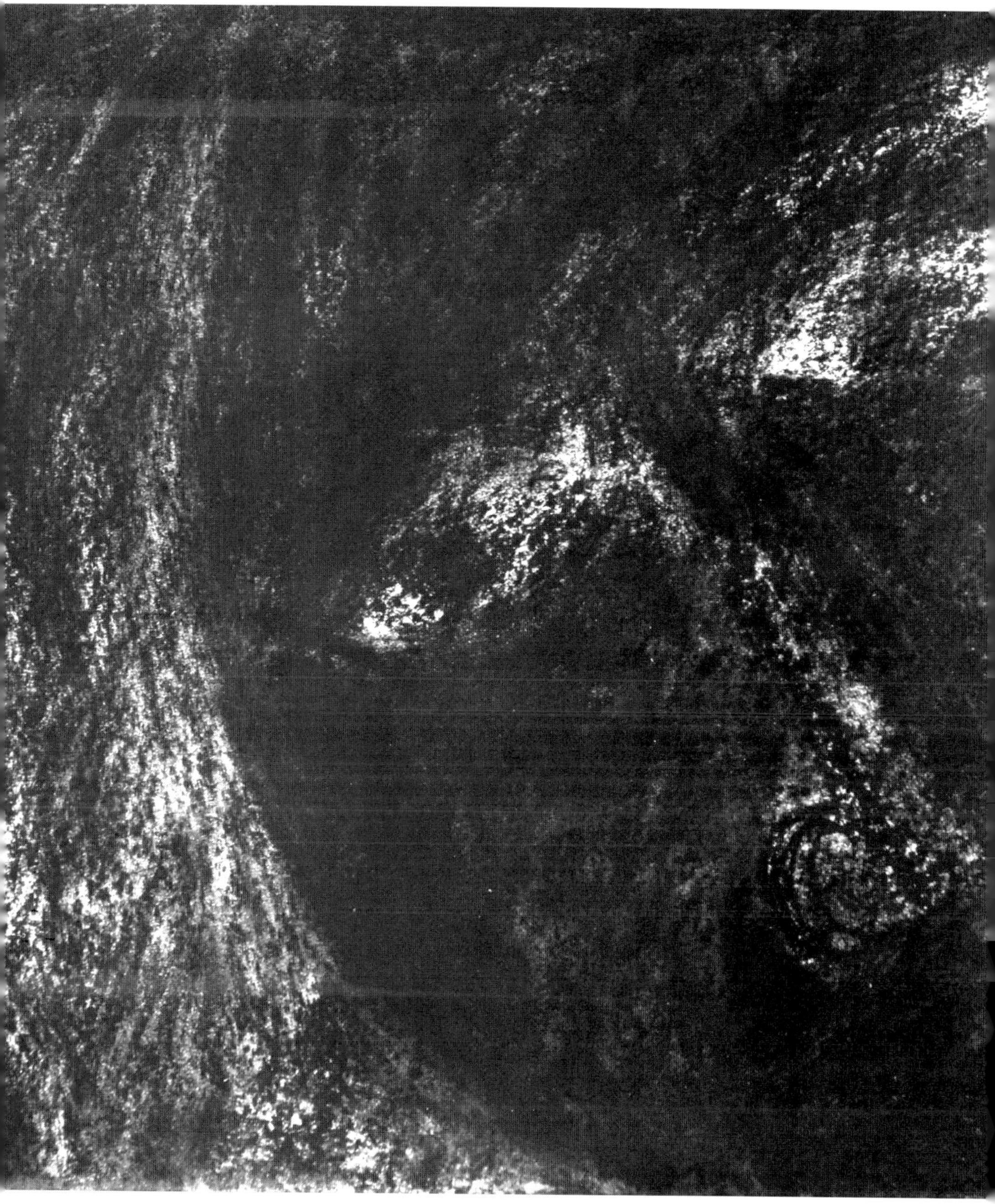

पत्नी की फ़ोटो पर हार?
कौन लगाएगा
तुम्हारी जीवनी का खुला हुआ द्वार?
तुम्हारी नाड़ी बन्द पड़ गयी
और दोनों घड़ियाँ चल रही हैं
भरी धूप में जा रहे हो तुम
ठहरो, एक हार डाल दें
डाल दें हार, उड़ेलें गुलाल
झाल-झाँझों के उस पार सोया हुआ तुम्हारा पीतल का कपाल
दोनों तरफ़ पेंडुलम चलने लगे हैं...

2.

"I am a closed man"
तुम ऐसा कहते थे।
तुम अभी खुले हुए हो
तुम्हारी भाषा का प्रपात
अब विरल होता जा रहा है
तुम्हारा मुँह असत्य हो गया है
तुम्हारी आँखें मिथ्या हो जायेंगी
तुम्हारा सर्वांग उठ गया है इस साक्षात से
तुम्हारी नासिका रंध्रों में रुई है
तुम्हारी स्मरण शक्ति में कपास पक चुका है
विस्मरण की अँधेरी फ़सल
भर आयी है तुम्हारे चेहरे पर
देह पर बँधी तुम्हारी त्वचा पर
उजाड़ रहस्य तन चुके हैं
"Forgetfulness is what I cultivate"
तुम कहते थे
तुम क्या भूले
और क्या याद रहा तुम्हें
कौन जाने
तुम्हारी त्रिकालदर्शी जीभ
अब तालू में लग चुकी है
तुम्हारे हाथ ठण्डे पड़ चुके हैं।
मैं तुम्हारे बीस रुपयों का देनदार हूँ, केशवराव
जो एक बार तुमने माँगा था
मुझे तुम्हें एक भरपेट भोजन देना था, केशवराव
दिखानी थी तुम्हें एक मारधाड़ वाली
इंग्लिश पिक्चर...

तुम्हारे निःसन्तान
मरने का दर्द
गले से उतारकर
मुझे देनी होगी ईश्वर कृपा से तुम्हें एक चीज़
केशवराव
तुम्हारी जीवनी का द्वार हलके से बन्द करके
मुझे उस पर कड़ी
लगाना होगा
ताले जितना एक ख़ामोश शब्द तुम्हें देना होगा।

इथिओपिया में

('इथिओपियात (1960-1963)'; एकूण कविता 2, पृ. 255)

1.

स्व-कथा में होता है आदिम वक्र, एक अविश्वास
फौरी शब्दों का, जल्दबाजी के बिम्बों का : चाकू के एक झटके से
मन उधेड़ देता है स्मृति में जीवन्त आकृतियों को
एक सनकी धार पड़ताल करती है बीती बातों की

मैं नकारता हूँ अमूर्त और उद्दीप्त को, मुड़ता हूँ
बची-खुची भावना की कठिनतर ठोस वस्तु की ओर : ढूँढ़ता हूँ
वह प्रतिमा जो रूपस्फोट को थामे है एक साथ :
ढूँढ़ता हूँ दोमुहे रूपक का खंजर जो प्रथाओं की छाती में धँस कर मुड़ जाये

मन पर टँगी छवियों का समग्र धीरे-धीरे खोलता है
शब्द की तरफ़ बढ़ता एक विश्व विज्ञान, खोलता है थरथराता हुआ
मुक्त करता हुआ बहुत भीतर किसी जकड़-बन्ध से। मनुष्य भाग नहीं सकता
अर्थ पैदा किये बिना, या फिर, ख़ुद को मिटाये बिना
ठोस वस्तुओं के उच्चतर प्रभाव में।
छाया चित्र से इस संसार के उस पार, चेतना के रसायन बिना,
मन की रहस्यमयता के डार्क रूम के बाहर, है एक
फैली हुई एक भावहीन छाप, काल्पनिक प्रकाश के फुटबोर्ड से उतरती हुई,
अचानक बोध होता है, ये दृश्य एक जीवन काल में डेवलप नहीं किये जा सकते
पर्वतों के भित्ति चित्रों पर होता चन्द्रोदय, काजू सी उजली धुन्ध में
धीरे-धीरे घुलता हुआ एक चर्च
एक हिंस्र लेकिन ख़ामोश रात की उठी मुट्ठी में बन्द
यूकेलिप्टस के वृक्षों की स्वर्गोन्मुख निश्चलता
और अन्त में मूक चरते खच्चर
चाँदनी के मन्द कोबाल्ट में।

मैं जीवन के तूफ़ानों को गूँगे कलश में बदल देता हूँ
गढ़ता हूँ खुरदुरे अनुभवों को शास्त्रीय माटी से
फिर से रचता हूँ स्व-कथा को अधिक मानवीय हाथों से

और झेलता हूँ एक इच्छित सर्वनाश, काबू पाता हुआ
अहं के उस अदम्य तत्त्व पर परम-अहं की हथेली में
जो रचता है सभी अनादि नियम
यह मृत्यु है सभी पूर्व प्रेरणाओं की, कायान्तरण है सभी स्पष्ट कारणों का
शब्दों की भयानक सन्दिग्धता में : मैं हो जाता हूँ स्वयं का प्रतीक,
अपना ही अन्य और सर्जक भी : एक स्थायी चौखट
शून्य में : एक प्रवेश-द्वार और निकास
कम शाश्वत अर्थों का, एक औपचारिक रूपक।

2.
मैं आया अराजक मन से
हिंस्र ढलानों पर त्यागे हुए गाँव में
सुना यूकेलिप्टस से होकर गुज़रती
हवाओं की छुपी हुई आवाज़ों को

सर्द ऋतुओं में हमने सम्भोग किया
जब चाँदनी में लकड़बग्घे हँस रहे थे,
बिछौने पर हम नहीं लाये अपने साथ कोई भी ज्ञान
उसे रखा दृढ़ता से सफ़ेद

हमारा रक्त घूमता रहा चुपचाप
उस अनंग मोड़ पर, हुआ हमारे मन का
कौमार्यभंग उस अनादि अचल दृश्य से
निःशब्द, जिसने उतर कर हममें हमें बदल दिया

अफ्रीका की पुरा-कथाओं ने हमारे भीतर खोला
अवचेतन में ढोल नगाड़े बजाती अपनी शान्ति सिर्फ़।

3.
वह नक्षत्रों का विश्व था
चर्च, वेश्यालय, पाठशाला, अस्पताल...
चार मानवीय संस्थाएँ कार्यरत
आदिम दृश्य की भव्यता
और शुद्धता में।
दोपहर रोशनी की फूली हुई पाल थी
निस्संगता की समुद्री लहरों के पार जाती
दृष्टि की ऊँची नौका
दुर्गम जल-राशि को चीरती हुई

मैंने ख़ुद अपने भीतर यात्रा की क्या, क्या वह मैं ही था, मैं?
मैं ही था क्या वह लगातार चमक, वह सूखी हुई मिट्टी?
वह तुम ही थीं जिसमें मैंने यात्रा की, तुम?
तुम ही थीं रक्तिम आकाश का पसरा हुआ भोजपत्र?

4.
अभेद्य चेहरों के काले पुरोहित
पूर्वजन्म के धुँधलाये पूर्वजों से दीखते थे
उनसे बेहतर लगता था जीवित भिखारी
चर्च की छप्परदार दीवार से टिक कर खड़ा हुआ
वेश्याएं खिखिया के हँस रही थीं फिर भी
सारा दृश्य मूल रूप से निष्पाप था
जिसमें जमीनदार क्षत्र के नीचे चलता था
और पीछे-पीछे उसके सेवक तेज़ धूप में।
महीनों महीनों रहा मैं भूमिगत मूँगफली सा
मेरे ठहरे कानों में चाँदनी सड़ गयी
पेड़ सड़े मुझमें, शरीर टूटे
चूर हुए चट्टान, प्रकाश विघटित हुआ।
यह हुआ जैसे स्वस्थ देह में रोग पसरता है धीरे-धीरे
किसी गुप्त केन्द्र से पसरता रहा वह कीटाणु
छुपा रहा वर्षों तक वह रोग के लक्षण की तरह

फिर पागल जैसे अचानक ही खिखिया कर हँस पड़ता है,
यह लक्षण उभरा, मेरी भाषा के
मज्जे में फैलता हुआ एक असाध्य रोग सा
व्यथित एकाग्रता से मैं यत्न करता हूँ
कि व्यक्त कर सकूँ मृत्युकारी आघातों को
यह ख़ूनी मिथक मेरे दिमाग़ में रिसता है
मात्र शब्द धँसे चले जाते हैं अर्थ बिखरे हुए
और सड़ते हुए बिम्ब मेरी दुनिया को उजाड़ते हैं।

5.
एक ईसाई ग्रस्त होता है अपराध बोध से, और हिन्दू अहंकार से
एक कवि ग्रस्त होता है अभिव्यक्ति के संकट से
सीमित संसार में वह दरार खोजता है
कि मिल सके उसे अभिव्यक्ति का मार्ग

मैं याद करता हूँ मस्कल दिवस जब इथिओपिअन
उत्सव मानते हैं मूल क्रॉस के मिलने का

बच्चे लिए चलते हैं हाथों में डेजी के फूल और प्रार्थना-शलाका
घेर लेते हैं आनन्द-मत्त नृत्य में पुजारी को
'येसूस क्रिस्तोस' ...गीज भाषा में मन्त्रघोष
मृत और पवित्र भाषा में उच्चार, भय और उन्माद का।

सन्ध्याकाल वे जलाते हैं लकड़ियों के गट्ठर
और धुएँ से घोषित करते हैं क्रॉस का मिलना
उनके विलक्षण नाच का रहस्य और उनका आनन्द मैंने देखा
दो वर्षों में दो बार
स्तेफानोस, मारियाम, सेल्लासी, पेत्रोस, और पावलोस में
गिओर्गिस और तेकले हैमानोत के देवालय के पास गोधूलि में
वे रहस्यमय नर्तक नाचते हुए आग के गोल घेरे में
आनन्द के फव्वारों में, धूल के बगूले उड़ाते

मैं याद करता हूँ कि कैसे विलक्षण से भर कर
मैं लगभग खिंच गया था उस जादुई नृत्य के गोल घेरे में
और फिर बाद में उस असंस्कृत ईसाई विधि के आगे झुका हुआ
कैसे मैंने स्वीकारा था ब्रेड और वाईन, अनभिज्ञ पहाड़ों के बीच।

6.

आदिस अबाबा के अस्पताल में पड़ी थी वह
मरणासन्न पशु की तरह उसे हुआ था वेदना का
अवैयक्तिक ज्ञान स्वीकार कर कि जिया कैसे जाये
इस वक़्त वह पत्नी नहीं दर्द से कराहती एक माँ थी
अपने गर्भ में रूप गढ़ रहे जीवन की असह्य वेदना में
एक नये निःशब्द ज्ञान पर दाँत भींचते हुए
उसके गुर्दे गड़बड़ाने लगे, हृदय लड़खड़ाने लगा।

मैं उसी कमरे में रहा, आराम कुर्सी पर सोता हुआ,
देखता रहा कैथ्रीटर से टपकती बूँद सूजी आँखों से
नाश्ते में बेस्वाद पॉरिज खाया, ब्लैक कॉफ़ी पी
और धीमी मौत की धीरे-धीरे आती महक को महसूस किया
नारंगी और हरे पर्दों पर नज़र गड़ाए, क़ैद
एसेप्टिक दीवारों में, ढूँढ़ता रहा तरीका
दम घोंटू भावनाओं से निकल भागने का, एक बार
मुझे चमत्कारिक आभास हुआ पानी पर चलते हुए ईसा मसीह का
जब डॉक्टर हलीम ठण्डी फ़र्श पर चलते हुए आये।

नर्सेस लाती थीं गुलदस्ते के लिए फूल;
नाड़ी देखती हुई सिस्टर क्लीमेंट उद्धृत करतीं
टेनिसन की कोई भयानक मीठी पंक्तियाँ
मैं कविता लिखता हूँ यह जान कर हर रोज़
स्थानीय सौन्दर्य का बखान करती सम्वाद साधने की कोशिश में

बाहर, छत से मुझे अक्सर दीखते थे
राख जैसे बिल्डिंग्स एअरपोर्ट के, चमकते
अल्युमिनियम के पंख, करीने से लगाये हुए पेड़, झक्क सड़कें
और पृष्ठभूमि में पर्वत असभ्य
लेकिन हमेशा लगभग ओझल से
साथ वाले कमरे में कैप्टन हायलू थे, विद्रोह में उन्हें
गोली लगी थी, छह गोलियों का ज़ख़्म, पर वे मरे नहीं
ग्यारह बार उनका ऑपरेशन हुआ, सर्जन के प्रिय,
उन्हें गहरा सदमा भी लगा था, आँखों के सामने पूरा
परिवार क़त्ल कर दिया गया, सिर्फ़ सबसे छोटी बेटी बची
शवों के बीच घुड़क कर चलती, मशीनगनों की आवाज़ों से उत्तेजित।

दिन बीतते गये : नर्सेस मित्रवत होने लगीं,
मेरे लिए मेस से मुफ़्त भोजन लातीं, रोस्ट लैम्ब,
या बेक्ड फिश, पुडिंग या पीअर्स सिरप, मैंने सीखा
कामहीन हो उनके वक्ष और नितम्बों को निहारना
और सोचना डॉक्टरी ठण्डेपन से
साथवाले कमरे में हुई मृत्यु पर।

फिर वह निर्णायक रात्रि आयी, आपातकाल सी,
सिजेरियन बर्थ की : डॉक्टर ने नपे-तुले गाम्भीर्य से
तैयार किया मुझे दो मौतों के लिए : आश्वासन दिया कम-अज-कम
माँ को बचाने का : फिर थिएटर का स्टेनलेस दरवाज़ा
बन्द हो गया, और मैं, पूर्व चेतावनी पा चुका, त्यागा जा चुका, अकेला,
चमचमाते फ़र्श पर उद्विग्न चक्कर मारता रहा
उस गन्धहीन कॉरिडोर में भय ने मुझे मुक्ति दिया
भाग्य बदल जाने की सतर्क पूर्वसूचना से

वेरा क्लीमेंट, मातृत्वपूर्ण हास से, एप्रोन पर ख़ून का दाग लिए
आयी और चहकी, 'बधाई!' ज्ञान की तन्द्रा तोड़ती, बोली
'लड़का हुआ है, प्यारा सा'
मुझे चक्कर आ गया मरक्युरी प्रकाश में।

फिर एनेस्थेटिस्ट आया, एक करुणामय वयस्क व्यक्ति,
मेरे मन का तनाव कम हो इसलिए घर ले गया मुझे
और ह्विस्की पिलाई, मुझे बोलवाने का प्रयत्न किया,
सुनाता रहा क़िस्से ऐसी ही कई स्थितियों के।
मैं बेतहाशा पीता रहा पर चुप रहा।

सुबह के पाँच बज गये : मैं शहर वापस गया
कड़ाके की ठण्ड थी, कोनियॅक पिया, और देखता रहा
धुन्ध में आँखें मटकाती नियॉन रोशनी को जो
गहरे सोये अनन्तकाल में अनिद्रा रोग की प्रतीक सी लग रही थी।

7.

राह भूले का, बीमार का मुख्य लक्षण है उसकी लालसा, उसकी आस
रात भर मैं कितनी राह देखता रहा! एक बार हम गये
एक बियर बार से दूसरे बार तक,
एक कोठे से दूसरे में, लड़कियाँ बेदम नाच रही थीं
उनके अंग घूम रहे थे लाल रोशनी से हरी रोशनी तक,
उनके कूल्हे मटकते हुए, होंठ फूले हुए, ट्रम्पेट की सुनहरी लहर पर
थरथराती हुई ढोल की छाल सी
चमकाती एक सिफिलिसी मुस्कान
अभंगित कौमार्य के देश में
पर्यटक ने किया अपना नैसर्गिक काम विदेशज आकर्षण
की उत्तेजना में, एक लोकल बुद्धिजीवी, निराश, ढूँढ़ने लगा
जननेन्द्रिय की उनींदी सेवा में सुख का स्थान।
पुनः रास्ते पर कड़ाके की ठण्ड में सुबह तीन बजे
हमें अन्धा करती मोटरों के हेडलाइट्स की चमक
हमारे हैंगओवर में घुसती मुड़ती रही। हम जगे तो मूत्राशय तड़क रहे थे,
सर चकरा रहे थे, कुछ भी याद नहीं था।

अचानक मैंने आकाश की तरफ़ देखा
एन्ड्रोमेडा का नक्षत्रव्यूह, और पागल की तरह हँसने लगा
विश्व के एक सत्य के समक्ष
मन में एक याद उमड़ी।

8.

जहाज़ के मुम्बई पहुँचने से पहले एक रात
वह डेक पर अकेला खड़ा था
एकटक देखता हुआ पानी पर हल की लकीरों सी झाग की लहर को
कत्थई-हरे विस्तार में भव्य और तटस्थ,

जिससे होकर वह घर लौट रहा था, और अचानक
दीखी उसे धरती की दन्तकथा फटती लहरों से प्रकट होती हुई :
यह ज्ञान कि कैसे बेदम प्रवाह यह
गूढ़ छवियों में जम जाता है, कैसे
यात्राओं में प्रलयकारी चित्रों का विस्फोट होता है।

वह रेलिंग से टिका रहा, घबराया हुआ।

तीव्र कोमल नीली सिम्फनी

('तीव्र कोमल निळी सिम्फनी'; एकूण कविता 3, पृ. 674)

1.

चाँद का पिछला हिस्सा उगता है स्वप्न में
गहरे गह्वर सा शुक्ल पक्ष में। काँव काँव करते कौवे
चूने सी सफ़ेद चाँदनी रात में
राख के ढेर और सन्नाटा हर तरफ़; अदय आकाश।

रात की लहर के निराकार में
मैं घुटता रहा
निराकार रात में
मैं लहरों में घुटता रहा
मैं निराकार
घुटता रहा रात की
लहर में

किसी ग्रह सा ठण्डा, लपेटा हुआ
निराकारता के बहाव में
जो बिखेरती है तारों की नीली आग को
स्वप्न की लहर में
पानी की पलकों में घुटता हुआ मैं
जैसे घुटती है निराकार सजगता स्वप्न में।
सम्मोह में जागता मैं
चलता हूँ चाँदनी में धुली चट्टानों पर
अपरिचित पेड़ों से झरे पत्तों पर पाँव धरता
जिनका तना जाँघ सा है
टहनियाँ बाँहों-सी, पत्रहीन
टहनियाँ हाथों सी, छटपटाई पुकार सी, टेढ़ी-मेढ़ी
और चलता हूँ मैं तारों की आग पर,
झरे पत्तों पर, पानी पर, पत्थर पर
लहरों से मुक्त होकर
ऋणमुक्त हवा में

अपनी ही छाया को पार कर गया हूँ अब
नहाता हुआ काली-उजली झाग के
अनाम अनुभवातीत में

2.

तरंगें, तरंगें, तरंगें
तरंगें सब की हर तरफ़
केन्द्र ओझल।
बुझी हुई आग का पानी कहाँ है
धूसर यादों के मोती कहाँ है
मृत झीलें, अन्धी और देखती हुई
पानी की सतह पर रंग सोये हुए
उस जगह जिसका कोई नाम नहीं है
अक्षरहीन रात में तारों के पार तुम
स्मृति के रेशे
विस्मरण में रोमांचित
मैंने क्षणों के कोर, उनके वलय को देखा
अन्तिम कुछ सुरों की मिटती तरंगों में
झुकते आकाश, अलग होते, खोलते हुए
स्वर्ग का संगीत
उसके चमकते दीपवृक्ष को
गुम होते अँधेरों में देखा
फिर एक सफ़ेद गुलाब की ख़ुशबू
और पलक पंखुरी पर नीली आग पर ओस का उदास प्रतिबिम्ब
चमड़े से बँधा मैं, नकली पाया गया
जागृति के अगले ही क्षण में
छीजती नींद की लहर ने
ला छोड़ा मुझे रात के किनारों पर

3.

स्वर्ग की इन्द्रियों का संवेदन
प्याज के फाँकों की महीन धारियों की तरह।
शायद स्खलन के क्षण में
ख़ून की रोशनी भी
तीव्र कोमल-नीली हो जाती है
जननेन्द्रियों की नोक पर गौर से सुनते हुए
पलकों की झपक में मरते दृश्यों को
नहीं समझा जा सकता है वह अर्थ
जिसे नाम नहीं दिया जा सकता

दो शब्दों के बीच गतिमान चेतना
जैसे नींद में सजगता
होती है तीव्र कोमल-नीली
और इन्द्रियों के हिजड़े
पीटते हैं अश्लील तालियाँ
उसी सम्भोग की आँच में झुलस कर
जो तीव्र कोमल-नीला है

4.

आदमी का गला बैकुण्ठ का भार नहीं सह सकता
वह सिर्फ़ तुलसी की माला पहन सकता है
और भजन के बेसुरे गान में प्रलय कथाओं से
जो घबराते हैं लौट आते हैं सामान्य चेतना में।

कुण्ठाओं के शहर में
मैं वास्तविकता की आग पर चलता हूँ
और मेरे पैर भी जलते हैं। नंगे पैर
मैं भी भयावह प्रलय के गीत गाता हूँ
गीत जिन्हें वास्तविकता की आग पर चलने की चाह है

5.

मैं घर लौटा हूँ सड़ाँध मारती गली से
उसके कोने पर मैंने पान की पीक थूका
मैंने शवयात्रा निकलते देखा
गुलाल...फूल...पेट्रोमैक्स की रोशनी...माटी की हाँडी में सुलगते कोयले
मैंने शिशु का जन्म देखा
मैं बीड़ी पीता बैठा रहा
यहाँ इसी फ़ुटपाथ पर
मैंने कसम खाई
चलते हुए इसी आग पर
मैंने चुनिन्दा गालियाँ बकीं
और ख़ून थूका
मैं औरतों के साथ सोया, शराब पी
मैंने सम्भोग के 84 आसन आजमाये
इस आग पर
मैं छह भाषाओं में रति रत हो सकता हूँ
मैंने प्रबन्ध लिखा इस वास्तविकता पर
मैं असमय ही बूढ़ा हो गया
मन से

और मेरी देह
हर साल आग में केंचुल उतारती है
इसमें से कोई भी रास्ता बुझा नहीं है अब तक
मैंने मासूम की गीली मुस्कान देखी है
इसी आग की रोशनी में

6.

जाग सतत बनी रहती है
पूरी नहीं होती नींद
मैं खँडहरों में भी आग पढ़ता हूँ
चरचराती आँखों से
ठण्डा, काला स्वर्ग
मुझे चाहिए
निरवधि, विपुल यह आग
काल का व्यय है।
ठण्डा, काला स्वर्ग
खोपड़ी के खुल जाने से पहले, सशरीर
जागृति में ही मुझे चाहिए।
मुझे क्या चाहिए यह जान चुका हूँ
जो नहीं जान पाया
वह आग में भी नहीं जलता है।

7.

घुटता हुआ लहर में
मैं आकारहीन हूँ
इस जागृति का
अब तक कोई छोर नहीं
जड़ पदार्थ में झूलता हुआ
ऊपर तक, नीचे आता
डूबता हुआ आँखों से
रात की अनगिनत परतों में
कुण्ठाओं के शहर के फुटपाथ पार करता
लड़खड़ाता, थरथराता

8.

ये सब के सब हैं फुटकर।
सिनेमा के टिकट
कविता के टुकड़े
मृत्यु के प्रमाण

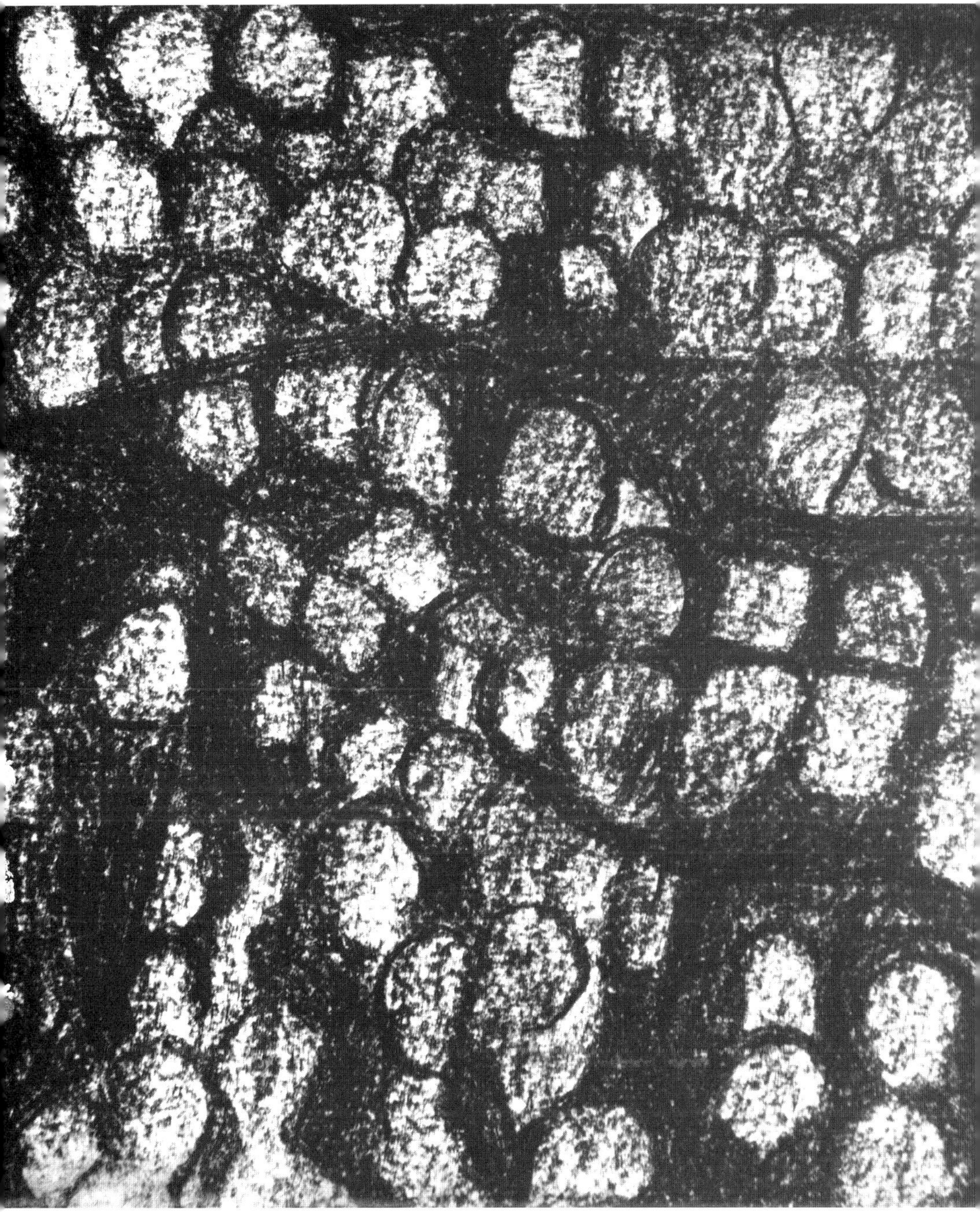

परिचय के भास।
पेपर के गट्टर,
कॉण्डोम,
विजिटिंग कार्ड,
जेब में चने
चश्मे के पीछे आँख
आँवला और कोहड़ा।
आसमान में सूर्य,
पंचांग में तिथि,
ग्रहों की दशा
नशे में धुत असफलताएँ।
ऊब की घड़ी के हाथ
हमेशा घूमते हैं
सुख की परिधि में
घुटते हुए लहर में
जागे या सोये
कण्ठ से सूखे...
और कौन गायेगा
इस आग में
एयरकण्डीशण्ड पैरों के साथ?

ग्रुप फ़ोटो

('ग्रुप फ़ोटो'; एकूण कविता 1, पृ. 44)

दीमक लगे चेहरे
लालटेन की रोशनी में
झरती दीवारें, धूसर फ़र्श,
थाली, कटोरी, ताम्बे के मटके, गुलदस्ते
सेवक हाथों की परछाईं

दीवार के बीचोंबीच परदादा की परछाईं
दाहिने हाथ से कौर उठाये हुए
बर्तन में टिमटिमाते प्रकाश में
उजला भात, उजला ताक (छाछ), हरी सब्ज़ियाँ,
सन्नाटे में मुँह की मच-मच आवाज़

घर का छप्पर कई बार उखड़ा
और जो भी चारदीवारी मिली उसी पर जा गिरा
कोंकण से गुजरात, मुम्बई से बड़ोदा,
बड़ोदा से फिर मुंबई
ट्राम के शुरू होने से उनके ख़त्म होने तक।

और सेपिया रंग के फ़ोटो में, सन् 1920 के वे लोग,
मृत, कोट-टोपी पहने हुए, पॉकेट वॉच वाले, पम्प शू या चप्पल पहने हुए
मरने के बाद भी अभी भी एकटक देख रहे हैं
कैमरे के लैंस में, कि जैसे कहा गया हो, 'हिलो मत'।

दादी कहती थीं, 'मेजेस्टिक सिनेमा, लक्ष्मी चॉल।'
सचमुच, वो जगह अब भी है गिरगाँव में
जहाँ दादा जी ने लाखों कमाये, रुआब जमाया,
गुज़र गये जवानी में ही। कहते हैं किसी की करनी-करतूत थी।

विक्टोरिया की सवारी। पारसी-गुजराती से मेल-जोल।
सटोरियों और जौहरियों से हेल-मेल

कुछ कहते एक रखैल भी थी उनकी।
पूरा परिवार डरता था उनसे। मजाल कि कोई कुछ पूछ ले।

उन्होंने भास्करबुवा, अल्ला दियाँ, रहिमत खान का संगीत
सुना था या नहीं, कौन जाने। उन्होंने गन्धर्व का नाट्य
ज़रूर देखा था, और महालक्ष्मी ज़रूर गये थे घोड़ों की रेस में
या शायद फोर्ट एरिया भी गये थे केक खाने
और ग्रांट रोड नाच-मुजरा देखने, संगीत सुनने।

घाटी-कोंकणी, पारसी-गुजराती,
खोजा-बोहरा, पठान-दवान,
पंचकलसी, सोनकलसी, कोळी
और भण्डारी, ईस्ट-इण्डियन और
बेने-इस्राइली, मुम्बई में सबसे मिलना-जुलना था उनका।

पर इन सबसे ऊपर थे गोरे साहब लोग : गवर्नर, कमिश्नर,
चीफ जस्टिस, सेक्रेटरी जेनरल, और सब।
उनके नीचे हम जैसे लोग, गोगटे, आपटे, कीर्तिकार या धुरु,
बुरहानुद्दीन या बोम्बाट, शहा, पटेल, गाँधी,
डिक्रूज़ या डिमेलो, नागावकर या कोळी,
अबूबकर, प्रधान, मोतीवाला, कैकिणी, जयकर
और सबसे नीचे टोकरियों पर टोकरी, बोरियों पर बोरी।

पीला हौस, पिकेट रोड मारुती, खडा पारशी,
गोल बिल्डिंग और ऐसे ही सारे पते।
तिलक की मूर्ति लगने से पहले की चौपाटी तब खुला समुद्र तट थी
नारियल के पेड़, छोटी-छोटी वाड़ियाँ, पेड़ों के वितान।
विलायत से आते पानी के जहाज़, कंटेनर और बक्से डॉक यार्ड में,
गोदाम लदे हुए माल से
ये सब मुम्बई की पसलियाँ थीं जो अब हमारी त्वचा के भीतर छुपी हैं।

शहर बनता हुआ, उसका इतिहास छुपा उसकी पसलियों में।
उसके ये लोग, जोख़िम उठाते व्यापार का या नौकरी करते,
इनकी नव्वारी साड़ी पहनी औरतें चारदीवारी के बाहर नहीं निकलती थीं,
नियमित बच्चे जनती, परिवार के लिए दिन भर घर में पसीना बहातीं,
इनकी ब्याह लायक बहन-बेटियाँ थीं, कर्ज थे चुकाने को,
इनके त्योहार थे, मूँछें थीं, रोजनामचे थे, पगड़ी के नीचे छुपा कर रखे गये हिसाब थे

ये लोग नसीब बनाने आये थे, पढ़ते थे, अंग्रेज़ी रट जाते थे,
नये-नये हुनर सीखते, विलायत से चमत्कृत या घबराये हुए से,
वे छुप जाते थे संस्कृत की कम्बल के भीतर
एक मास्टर बना, एक धन्धे में उतरा,
एक इंजीनियर बन कर रेलवे में लग गया,
एक बी.ए. में फर्स्ट क्लास होकर असमय ही मर गया।

ये प्लेग, इन्फ्लुएन्जा, टाईफायड, कोलेरा से मरने वाले
या टी.बी. मलेरिया की भेंट चढ़े लोग
माधवबाग, भूलेश्वर, मुम्बादेवी, कालबादेवी, ठाकुरद्वार जाते थे
वे जाते थे गिरगाँव की वाडियों से वालकेश्वर, गोलपीठा, ग्राण्ट रोड,
भायखला, मजगाँव और डोंगरी तक भी। वे यात्रा करते थे दूर तक ग्रेट इण्डियन पेनिसुलार
या बॉम्बे बड़ोदा या सेण्ट्रल रेलवे से।
मुम्बई की हथेली में अँगुलियों से उगे लोग
यदि उनकी अपठ जन्मकुण्डलियों को स्पष्ट करके देखा जाये तो
दिखेगा, शनि किसी की गर्दन पर सवार था तो मंगल ने
किसी की पीठ में छुरा भोंका। राहु-केतु ने किसी की गर्दन तोड़ी।
इनकी आयु रेखा पहाड़ी घाटों से गुज़रती रेल की तरह जाती थी।
इनकी धन रेखा का पुल बाढ़ में बह चुका था।
इनकी हृदय रेखा दरकी हुई थी जैसे सूखे में ज़मीन।

ये अदृश्य और बहादुर पूर्वज
जिन्होंने शिवाजी के काल में खिताब जीता और ज़मीन अर्जित किया
और बाद में हाथी के पैरों तले रौंदे गये या कोंकण की तरफ़ भाग गये
वे चुपचाप जिए वहाँ और हल जोत कर परिवार पाला,
ये एकवीरा और खण्डोबा को बकरे की बलि चढ़ाने वाले लोग
रखते थे अपनी तलवार म्यान में दशहरे तक
उन्होंने अपने अक्षर सुधारे, फ़ारसी तक सीखा

ये कहाँ से आये थे मैं नहीं जानता
जाने अनजाने हज़ारों रक्त नलियाँ मिल गयी होंगी
ज़रूरी है फिर से इनके फ़ोटो खींचना
सर्वपित्री अमावस्या के आकाश जैसा फैला।
और इतना कर के भी फ़र्क़ क्या पड़ेगा?
कैमरे की लैंस में एकटक आँख गड़ाये है मरे लोगों का यह ग्रुप
और उन्हें 'स्माइल प्लीज़' कहने की सुविधा नहीं है मेरे पास।

पाटलिपुत्र को श्रद्धांजलि

जयप्रकाश नारायण के लिए कई स्वरों में एक कविता
(मुम्बई, 26 जून 1975—आयोवा सिटी, अगस्त 1976)
('Homage To Patliputra
A Poem In Many Voices For Jayprakash Narayan'; As Is Where Is)

1.
हारते जंगलों, बर्बाद मिट्टी से, गुज़रता हुआ
प्यास से दरका, मैं आता हूँ
अपनी ही भूमि के सत्य तक :
और पूछता हूँ
कविता की टूटी-बिखरी पंक्ति कैसे सामना करेगी
ब्रह्माण्ड की क्रूर सर्वसम्मति का
उस बूढ़े ने अपना अन्तिम शब्द कहा
और गलत समझा गया।
गंगा उमड़ी और उतर गयी
एक और बाढ़ ने
हमें और उर्वर नहीं किया
हाँ, मैं पाटलिपुत्र गया था...
बहुत सारे दुखों के उस नगर में।
तबाही जो बाढ़ लायी
बची रही कीचड़ बन कर;
और एक दिन शाही अवरोध
हटा लिए गये और दाँत खिसोड़ता एक सन्तरी
काफ़ी था रोक देने को
सदियों से आत्म पराजित भीड़ को।
वह बूढ़ा मौत से लड़ा
पर उसके काले तंत्र को
हरा नहीं पाया।
और गंगा उतर गयी
पीछे छोड़ कर कीचड़ हर तरफ़
कुछ गाँव मिट गये,
कुछ सपने फिर उग गये;

मरे पशुओं और लोगों ने
पोसा है उसकी उर्वर माटी को
उनकी डूबी आवाज़ें
लौट आयी हैं इस मिट्टी में।
एक मौसम सूखा
एक मौसम गीला—
यही नियम है :
यही नियम है
कि बाढ़ आयेगी
और छोड़ जायेगी
प्यास से दरकता इन्तज़ार।
हाय गंगा
उमड़ती और उतरती जाती है
हाय गंगा
पवित्र और शान्त है
तब भी जब महामारी फैलती है
लोगों से भरे उसके किनारों पर,
यही नियम है।
और चुप्पियों का सावन आया
जब हमारे शोक हरे हो रहे थे;
और बारिशें फूट पड़ीं
हम पर प्रहार करतीं;
कोई कोयल नहीं गायी
कोई मोर नहीं नाचा
बिना फूटे
लहू धधकता रहा;
और नसों के पिंजड़े में
आदिम आवेग
फड़फड़ाता रहा, चुपचाप,
घायल करता अपने पंखों को
कँटीली घोषणाओं से।
ये जंगल हार रहे हैं
इस काली बरसात में
बरसात, बरसात कोड़ा मारते नियम की;
बरसात, जो कैंसर सी बढ़ती है,
उलटती मेघ गर्जना को,
घोंटती कड़कती बिजलियों को;
बरसात, जो भय पर फूलती है;
आतंक की बरसात

उलट दिये गये पेड़ों की
टूटी नंगी जड़ों पर
बरसात, जो थर्रा देती है रीढ़ को नाले खोल देती है अंतड़ियों में।
बरसो, चुप्पियों की बरसात
फाड़ते चीरते उनको
जो उजड़ चुके हैं
मैंने नहीं देखा है कल्पना में
आने वाले मौसम को,
क्योंकि मेरे पूर्वज किसान थे
जो उससे ज़्यादा नहीं देखते थे
जो मौसम देता था
सिर्फ़ इसलिए कि मैं दोगला हूँ
अपने चयन और अपने काम से,
सिर्फ़ इसलिए कि मैं विकास से हट कर खड़ा हूँ
सिर्फ़ इसलिए कि इतिहास का
पितामह घण्टा
अपने रोमन डायल और टूटे हाथों से
मुझे कुछ नहीं सिखाता;
सिर्फ़ इसलिए कि मैं घायल हूँ
इस अचानक मौसम की चुप्पी से,
सिर्फ़ इसलिए कि
कारण असत्य है
और असर असत्य
जब कवि भी भाषा खो देते हैं;
हाय गंगा उमड़ती और उतरती जाती है,
उतरती है और फिर उमड़ने से इनकार कर देती है।
और पाटलिपुत्र नगर
फिर से जीवन शुरू कर देता है
कि जैसे नियम की क्षणिक चमक ने
लाखों ज़ख़्म भर दिया हो
चुप्पी की कटार के
एक झटके से।
बरसात, बरसात कटारों की
तरल, ख़तरनाक और चमचमाती हुई
बरसात, बरसात कुदरती नियमों की
आड़ी धँसी धरती में।
और वहीं जो दूसरा मौसम मैंने देखा है
उत्तर में राजा
सौम्य मुस्काता प्रजा हित में;

और मैंने देखा है दरबारियों को
शाही कान को भरते भ्रष्ट करते
कुटिल अफ़वाहों से;
और मैंने महसूस किया
सख़्त होती धमनियों को,
धीरे-धीरे शिथिल होते ख़ून को,
उसके जम जाने का पूर्वाभास,
हृदय गति का रुक जाना,
बदल देना विस्तृत भू-दृश्य को
पत्थरों के साम्राज्य में,
भले ही घास उग आयी हो
अनजाने छूट गयी किसी मिट्टी पर।

2.

दुःख, जैसा मैं जानता हूँ,
महज एक पिन है
छूता हुआ पहले से रेकॉर्ड की गयी मौतों को;
और फिर भी उसकी साँसों में बसन्त है
जिसे फिर दुहराया नहीं जाता :
दुःख, जैसा मैं जानता हूँ।
और सावन थे
ख़ून को भीगी मिट्टी और घास की
गन्ध में घोलते :
और शरद ऋतुएँ थीं
पत्रहीन किरणें उघाड़तीं
निपाट नंगे पेड़ों को :
दुःख, जैसा मैं जानता हूँ।
दुःख, जिसके लिए शब्द
चुप्पी थे खुले रह गये होंठों की
क्योंकि कोई भी एक शब्द
दर्घटना की छाया लिए था;
दुःख, जैसा मैं जानता हूँ
ना आग थी ना बर्फ़
बल्कि एकदम सटीक सन्नाटों में धँसती
जूतों की चरमराती आवाज़
दुःख, उजड़ी रोशनी सा
आख़िरी ज़ख़्म से बाहर फैलता हुआ;
दुःख, ख़ून का जिसे मिटाया नहीं जा सकता
और बिना शब्द की भीतरी हरकत :

दुःख, जैसा मैं जानता हूँ,
जहाँ दुखों के धान उगते हैं
धूसर मैदानों में सदियों से
पवित्र नदियों के बहते हुए भी :
दुःख, जैसा मैं जानता हूँ
गूँगा बहरा और शठ है
क्योंकि वह देवताओं का दुःख है
जो पत्थर में बदल गया है :
दुःख कूटे गये चावल सा;
दुःख पिसी मिर्च सा;
भीतर उलटता मुँह
और आँख भरती हुई जैसे सिफरों से :
दुःख, जैसा मैं जानता हूँ।
दुःख, जिसका बेडौल कूबड़
उगता है कुरूप पहाड़ों से
चट्टान में मन्दिर तराशने के
सात सदी पहले से :
दुःख जिसे सख्त चट्टानों से बाँटकर
छेनी चली
चिलचिलाती धूप में :
दुःख, जैसा मैं जानता हूँ।
दुःख, वह घाट जिस पर हम चढ़ते हैं;
दुःख, वे फूलरहित झाड़ियाँ जिन से हम गुज़रते हैं;
दुःख, हमारी पीठ पर शिशु;
दुःख, शताब्दियों से पड़ा हुआ सूखा।
जो भी हरा था अब धूसर है
जो भी गीला था अब सूखा है
दुःख, दुःख की घड़ी है
एक शताब्दी से भी सपाट
मैं क्यों बोलूँ लाखों लोगों के लिए
जबकि दुःख, जैसा मैं जानता हूँ,
मौन है अकेले आदमी सा
और उसकी आवाज़ ईश्वर की सी रूखी है :
दुःख, जैसा मैं जानता हूँ,
सब उलट कर रख देता है।

3.

मगध का पतन होता है जैसे कलिंग का हुआ था कभी;
जो मौर्यों का होता है

वही मुग़लों का भी होता है;
दक्षिण का पतन होता है, उत्तर का भी।
मराठों ने आज़ादी का संघर्ष किया और उसे पा लिया
जब वे भाड़े के घुड़सवार और बाद में लुटेरे थे
जो कुछ वे पैदा कर सके
एक सिफलिस ग्रस्त पेशवा था,
महत्त्वाकांक्षी स्त्री का पुत्र,
जिसने साम्राज्य को मिटा दिया।
वह मरा शायरी के स्त्रैण हाथों में;
नियम को किसी ने नहीं समझा
कुल का मुखिया बना अत्याचारी;
और नायकों ने दल बदल लिया;
सन्दिग्ध सिंहासनों पर बैठे मोटे हिजड़े
समय गँवाते रहे,
बकते घटिया सिद्धान्त
अपने भौंडे एकालाप में।
एक मौसम आता है
जब क्रान्तिकारी क़तार में खड़े हो जाते हैं
राजकृपा की आस में
और कुछ टुकड़े बटोर लेते हैं
शाही ख़ज़ानों से।
एक समय आता है जब
कोड़ा मारते लड़के
खिखिया कर हँसने लगते हैं आनन्द से।
एक समय आता है जब
लोगों का घोंटा गया कोरस
ऊँचे स्वर में करने लगता है समूह गान
क्योंकि यही नियम है,
इस मरुस्थल पर
सदियों से
बारिश हो रही है :
क्योंकि जंगल काटे गये
और जंगल हार गये,
और जलस्तर घटता गया
और मिट्टी कट कर बह गयी।
मैं पहचानता हूँ अपनी ज़मीन के सच को—
शर्म में नहीं, क्रोध में नहीं,
और ना ही निराशा में
बल्कि उन शब्दों में जिन्हें काटा जाता है,

मुहावरों में जो हार जाते हैं
और उन अर्थों में जो कि कट कर बह जाते हैं।
एक मौसम आता है
कि लाखों लोगों की बुद्धि भूख से मरती है
जब लाखों लोगों के मुँह में
शब्द ठूँस ठूँस कर भर दिये गये हों।
एक समय होता है
जब सूर्यास्त और सूर्योदय
जुड़वाँ दीखते हैं,
जब गंगा का जल शान्त हो,
और गोदावरी सूखी हुई हो,
और कावेरी ठहरी हुई
और नर्मदा शान्त।
उनके तटों पर
हरा धूसर में बदल जाता है :
और कोई कह नहीं सकता
कि यह राख है या घास
कि यह भूत है या आदमी
क्योंकि यही नियम है।
कुछ होने वाला नहीं है; कुछ भी
सिवा इसके कि पतले लोग पतले ही रह जायेंगे,
और मोटे रह जायेंगे मोटे।
चतुर लोग वैसे ही चतुर रहेंगे
और मन्दबुद्धि रहेंगे मन्दबुद्धि
बूढ़े लोग बूढ़े ही रहेंगे,
लड़के रहेंगे लड़के
बन्धु यही धर्म का चक्र है।
साहसी लोग चाहने लगेंगे
अनिश्चितताओं का सुख
और मूर्ख अपने विश्वासों पर मरेंगे
त्रिपुर देवी हम पर प्रसन्न हों
यह बाढ़ हमें उर्वरता दे!
गद्दारों का ख़ून
साफ़ कर दे हमारे अन्तर्मन को!
स्वर्ग से सभी राजा और रानियाँ
हमें आशीर्वाद दें!
इतिहास ढहा दिया जाय!
ठहर जाय गंगा सदा के लिए,

जब हम चित्त पड़े रहें घात पर :
भले ही वह नियम नहीं हो।

4.

पाटलिपुत्र, नींद में चलने वालों का शहर,
दुःस्वप्नों की राजधानी, मध्यकालीन भूतों का टोला,
हवा बोझिल सड़न की परम्परा से,
बोधिसत्व यहाँ रिक्शा खींचता है
और अगला अनिश्चित भोजन उसका निर्वाण है।
मोटे मुनाफ़ाखोर ताकते हैं दुकानों से बाहर
धूल भरे बाज़ार में।
पाटलिपुत्र का राजनीतिज्ञ दरबारी है
उसके चेहरे पर स्थायी कमीनापन है
पाटलिपुत्र के पण्डित एक मुर्दा भाषा बोलते हैं
और भविष्य की सम्भावनाओं पर पान की पीक थूकते हैं
और पाटलिपुत्र के जवानों ने
कभी जवानी नहीं जाना।
पाटलिपुत्र सिर्फ़ कर्म से नियन्त्रित होता है
जब मैंने प्रजा से पूछा ऐसा क्यों होता है
उन्होंने पूछा मुझसे "का करेगा?"
पाप ऐसे भी हैं जिसे पवित्र गंगा नहीं धो सकती;
आर गंडक की बाढ़ सिर्फ़ हड्डियाँ धोती है
बेशुमार मुर्दों की;
और कोसी तो अब प्रदूषित है।
पाटलिपुत्र के भीतर ही
एक अन्तहीन अकाल की छाया गहरा गयी है।
यह एक अभिशप्त आबादी है
क्या तुम साँस को शोलों में बदल सकते हो
सिवा उन घाटों के
जहाँ मुर्दे जलाये जाते हैं?
"का करेगा?"
आदमी, कीचड़ और मन
पर्याय हो गये हैं।
कर्म का क्रूर अनुप्रास
ही एकमात्र राग है जो हम सुनते हैं।
"का करेगा?"
सिर्फ़ अत्याचारी ही भविष्य से आशा रखता है।
हमारे भय पर ही पनपता है विकृत साम्राज्य और उसकी ताकत;
व्यक्तिगत साम्राज्य का मिथक उगता है

और हमें ढाँप लेता है। "का करेगा?"
इस ईश्वरीय दण्ड को स्वीकार लो सिर झुका कर।
"का करेगा?"
अपने शिशुओं को जीने मरने दो मानवीय दुनिया में
बिना जन्म लिए ही। "का करेगा?"
हम अ-मानव हैं और हमारी पीढ़ियाँ अभिशप्त।
"का करेगा?"
और किसी ने कहा कि विनम्र की सख़्ती को
तेज़ हथियारों से भी बेधा नहीं जा सकता :
कि अन्तरात्मा ही मुक्ति का आधार है;
कि एक दिन एक भला आदमी चलेगा
पाटलिपुत्र की गलियों में, और
अगर तुम थोड़ी देर भी उसका अनुसरण कर पाये
तो हमेशा अपना ही अनुसरण करते रहोगे
क्योंकि उस भले आदमी के कवच को कुछ नहीं बेध सकता
सिवा प्यार के।
और एक अफ़वाह है कि एक भला आदमी हमारे बीच है,
और उसने चलना शुरू कर दिया है।
अगर वह मर कर गिरेगा तो सिर्फ़ सड़क बनने के लिए
वह मांस का नहीं बना है, वह उसी लपट से बना है
जिससे हर किसी का धर्म नाम पाता है,
और यह सभी धर्मों से बढ़ कर धर्म है
कि इसका आदि अन्त मनुष्य की अन्तरात्मा में है,
जहाँ सबसे बड़ा ईश्वर निष्क्रिय पड़ा हुआ है।
पाटलिपुत्र के इतिहास में, किसी ने कहा, एक
एक बड़ी दन्तकथा और जुड़ जायेगी—
उस भले आदमी के चलने की दन्तकथा
एक सड़क बन जायेगी जिस पर हर आदमी चलेगा।
एक नये धर्म ने अपनी शुरुआत की है
पाटलिपुत्र के प्राचीन नगर में।
थोड़ी देर को किसी ने नहीं पूछा "का करेगा?"
कि सबने वैसे आदमी को अकेला चलते देखा
उसके पीछे-पीछे लाखों चल रहे थे।
उसकी मुस्कान कोमल थी जैसी कि होती है किसी मासूम या मुक्ति की
वह चला मानो सभी अवरोध मिट गये हों।
जब सत्ता का भविष्य फीका होने लगे
राजनीतिज्ञ का विवेक भ्रष्ट हो जाता है।
जब सम्पत्ति पर ख़तरा हो
धनवान का विरोध क्षमा याचना में बदल जाता है।

जब चुप हो जाने का आदेश हो
लाखों लोगों को सिखाने वाले काँपते और क्रोध में चुप हो जाते हैं।
छल का एक अहंकारी चेहरा होता है,
छल के विश्वासघाती हाथ होते हैं,
जिन भी धर्मों ने हमें निराश किया
वे हारे इसलिए नहीं कि वे सत्य को पहचान नहीं सके,
बल्कि इसलिए कि उन्होंने उसे व्यक्ति से अलग कर दिया।
और उन्होंने काट दिया नैतिकता को
पैसे और ताकत की दौड़ से--
थमा दिया गूँगी नैतिकता बाकी सबको जो पूजते थे
पत्थर के भगवान् और अमूर्त आदर्शों को।
"का करेगा?" तुम पूछते हो, और सभी बीते धर्म
तुमसे कहते हैं इस संसार को यूँ ही स्वीकार करो
और प्रतीक्षा करो अगले की जब तुम्हारी देह
तुम्हारे विश्वासों के साथ जला दी जायेगी।
तुहारा प्रेम अपने मूल में ही भ्रष्ट हो चुका है
क्योंकि तुम सन्देह करते हो अपनी ही अच्छाई पर
तुम्हारे सभी ईश्वर कमज़ोर हैं
क्योंकि तुम्हीं वो बीमार बीज हो जिससे वे उगते हैं।
"का करेगा?" तुम पूछते हो
और उत्तर है उपहास करती प्रतिध्वनि
आदमी को बाँटते स्तूपों के भीतर।

5.

वह भला आदमी चलता है धरती पर जो
उजाड़ दिये जाने के बाद भी भरी पूरी है
वह भला आदमी जानता है कि उसी के अपने क़दमों पर
आज़ादी खड़ी है
उसकी आज़ादी उसके साथ चलती है
तुम भी जब साथ चलते हो
तो तुम्हारे साथ जो चलती है तुम्हारी अपनी ही आज़ादी है
तुम्हारी अपनी ही ज़मीन पर।
अब से पूछना बन्द करो "का करेगा?"
आज़ाद चलो पाटलिपुत्र नगर में;
और यह बेहया सल्तनत धूल चाटेगी।
वह भला आदमी अपना ही स्मारक है
और, क्योंकि उसमें हर आदमी समाया है,
वह सबसे महान स्मारक है
पाटलिपुत्र के इतिहास में;

बाकी सभी भविष्य के खँडहर हैं।
जब तुम अपने खेतों को लौटोगे
वहाँ आज़ादी के बीज बोना।
उठ खड़े हो और गिने जाओ
और विस्मित हो जाओ अपने सर्वशक्तिमान रूप से।
सत्ता की कितनी भी सघन ताकत तुम्हारा सामना नहीं कर सकेगी
तुम्हारी अपनी ज़मीन पर।
वहाँ उस पाटलिपुत्र नगर में,
जो क्षण भर को साम्राज्यों के इतिहास से भी बड़ा हो गया
हमारे मन में कुछ कौंध गया :
और यह सिर्फ़ उसकी छवि नहीं थी
बल्कि हमारी अपनी भी
वह मासूम मुस्कान अनजान थी शासन करने के इरादों से,
वह कोमल मुस्कान अपने आत्म का विश्वास थी
जिसे किसी आश्वासन किसी मदद की ज़रूरत नहीं।
वह मुस्कान वह है जिसे कुछ भी मिटा नहीं सकता :
अब वह तुम्हारी अपनी है।

अबोले लोगों का काव्यरूप इतिहास

('अबोल माणसांचा काव्यरूप इतीहास'; एकूण कविता 3, पृ. 811)

एक प्रचण्ड
स्तम्भित कर दिया गया झंझावात
श्वेत-श्याम चित्रों की छायांकित बारीकी
हर कुछ थाम दिया गया है
स्थायी हो जाने के लिए
यह विकल्प नहीं
यह छाया है मेरे जीवन की
जीवन के बाहर पड़ती हुई धूप में
इस निरभ्र आकाश में कामना की पावस ऋतु में
जमा होते काले मेघ
निर्गुण के दर्पण पर उत्कीर्ण
सगुण उत्सव हैं
इस उजाड़ बंजर पर
हवा सनसनाती है
प्राचीन श्मशान भूमि में
प्रार्थना में हज़ारों मधुमक्खियों के
समूह-गान सी
यहाँ दोपहर है
झुलसी भोथरी पारदर्शी
और यहाँ मैथुन रत युगल
हो गये हैं नग्न कैक्टस का
काँटों संग सहवास
डूबे हुए दोपहर में
तरंग
नहीं हो जिस तालाब के
कौमार्य पर
उस पानी की पीठ बन कर
तुम लेटी हुई थीं शान्त
होकर आकाश का प्रतिबिम्ब
और मैं तुमसे इतनी दूर था कि

मेरा तुम्हारी तरफ़ देखते रहना ही
एक प्यासी दूरी था
प्रमाण है यह
एक दुर्दम्य
चाह का
और इसका भी
कि हम आपस में एक-दूसरे का दूसरा हैं ख़ुद के लिए
मेरी आँखों के आगे तैरती है वही तान
आकाश की पृष्ठभूमि पर पर्वत शृंखला
चीख़ एक सामूहिक ललक की कि यह चक्र रुके
मेले के चरखे की तरह ऊँचाई तक गये हम
सदी के सम्बन्ध ज़मीन तक देखते आये सीधा
नीचे तक
अपने अनुभवों के समुद्र तल पर
समुद्र तट पर भेल खाते लोगों के बीच
प्रेमियों में, जेब कतरों, भिखमंगों में,
निराश माँ-बाप, हताश बेकार
पागलपन की कगार पर लोग
और पागल हो चुके, भग्न हुए लोग

समर्पित समकालीन
जिसे अंजाम तक नहीं पहुँचा सके
वही वर्तमान काल अभी चल रहा है
उम्रदराज लोगों की आँखों में
यह लौटती लहर भाटे की इतनी नीचे जा चुकी हैं
कि लगता है शायद सूर्यास्त ढूँढ़ रही हों
उनका अब बचा हुआ चेहरा
खिंचा तना है
उनकी अब उभरती खोपड़ी पर
एक डरावना गहरा अँधेरा निथर चुका है
परिचित चट्टानों पर
मन्द रोशनी में समुद्र का
विलाप कानों में पड़ता है
कि जैसे कोई चक्की पीस रहा हो
बीच में ही ओवी गाना छोड़ कर
मुझे हो जाना चाहिए था
रेम्ब्रां या बीथोवन
बाड़ी में कुएँ पर
कपड़े धोती-पछाड़ती उन औरतों का

जिनके झपटदार वेग से हाथों से बाहर आता है क्रोध
जो कसता है उनकी कमर, जाँघों और कूल्हों को
उनकी दुनियादारी की रगड़ से विद्रोह करता हुआ
मुझे बह कर भर जाना था
ताँबे के साँचे में
मुझे अपना दिन शुरू करने से पहले सुनना था
भोर में
पत्थर-मिल में उनके दमन का गीत
मुझे शामिल होना था
कुनबियों के भजन में
मुझे महार संग खाना चाहिए था
उसके मृत मवेशी का भोजन
पीनी चाहिए थी छक कर
बेटे के ब्याह की या बाप के मरने की दारू
मुझे सुनना चाहिए था
भोई ननद-भौजाइयों का एक-दूसरे को
चुनिन्दा अश्लील गालियाँ देना
एक-दूसरे के पुरुषों को नंगा करते हुए
मुझे घुलना-मिलना था मुसलमानों से
चुराने को उनके गुप्त नुस्खे
माँजे, बिरयानी बनाने के
और संगीत में उपज अंग के मुहावरों के जिनसे ख़याल गायकी पैदा होती है
मुझे सीखना था किसी उस्ताद का शागिर्द बनना तावीज़ बँधवाकर, सबों में पेड़े बाँट कर
चौसर संरचना, हवेली, वाड़ियाँ
चौक, रास्ते, आँगन, गलियाँ,
पाये, छत उठती सीढ़ियाँ
देवों का घर, उनका अपना घर, बाजू का उनका असबाब घर
सौरी घर, वहाँ की गन्ध
बावर्चीखाने, दीवानखाने, गुसलखाने
हौज, टब, मटके, ड्रम,
ऊखल, जांते, सिलबट्टे, हँसुए
सूप, टोकरी, नपनी, बोरी,
मिट्टी के चूल्हे, भट्ठी पतीले
प्राइमस स्टोव, किट्सन लाइट, पेट्रोमैक्स, लालटेन
एक इतिहास भरा हुआ इन वस्तुओं से
इसी तरफ़ तो मुझे ध्यान देना था
इन्हीं के बीच ढूँढ़ना था ख़ुद को
इस भाषा के हज़ारों वर्ष कोई आकारहीन बजबजाहट नहीं हैं ध्वनि की
बल्कि एक-एक आदमी की लड़खड़ाती आवाज़ भी

एक तुतलाता साक्षात्कार है परम सत्य का
इन अणु से भी छोटे लोगों में से एक-एक व्यक्ति का छोटा से छोटा उद्गार भी
होता है आकाश से विशाल
मुझे आत्मकाल और आत्मावकाश में
आत्मसात कर लेना था
चिति के घन इस मराठी भाषा को
और लिखना चाहिए था
अबोले लोगों का
काव्यरूप इतिहास
और अभी इसका समय बीता नहीं है
अभी ही तो इसका समय आया है।

लाफोर्ज का मुखौटा लगा कर मुम्बई में स्वतः : 1964

('लाफोर्जचा मुखवटा घालून मुम्बईत स्वतः : 1964'; एकूण कविता 1, पृ. 98)

1.

जून से जुलाई। अगस्त से सितम्बर।
निराली ही छटा दिखाता है अम्बर
टरटराहट फाड़ देगी लगता है
यह अनवरत कैलेण्डर।
बारिश के परदे के पीछे
सतत साँवला हुआ जाता है शहर
स्मृतियों पर लेटा हुआ है प्रेत
नरक की अग्नि का उसका वसन्त।
भीगी हवा में पहचानी हुई चिपचिपी महक
आती है सीढ़ियों पर अँधेरों से
तुम्हारा मेरा चिरसहवास।
लगता उदास, उदास।
थके उलझे हुए स्नायु
डैम यू!
मस्तक पर कविता का किरीट
ओ, शिट!
चमकता है
हेल्ल!
सन्धिवात के कील ठोकता है क्राइस्ट
मेरा, पलँग में।
होगी मलिन प्रतिभा टँगी हुई
ऊपर, खूँटी पर।
होता है आज की सर्द हवा में रिजेरॅक्शन
सेक्शन बाय सेक्शन :
और वह परमेश्वर का पूत गया सूली पर
आदम के, हम तुम जैसे पातकों के
उद्धार के लिए, उस शुक्रवार
येरुशलेम के बाज़ार में

2.

महमद अली रोड पर
यूनानी औषधि, कन्नौजी इत्र,
कलाइयों पर गजरे, लखनवी कुर्ते,
शुक्रवार को।
अगस्त से सितम्बर
जन्नत का रंग लगातार वही, कहते हैं पैगम्बर
अनवरतता का कैलेण्डर
फाड़ते हैं श्रीकृष्ण। डेंटिस्ट की दुकान में
लाफिंग गैस पीकर,
विश्वरूप दर्शन,
गिरगाँव रोड पर। जरथुष्ट्र वालों के सामने।

3.

आध्यात्मिक वर्णन के भड़कदार सूची-पत्र में
अपने ही मन का खोजो नम्बर
अगस्त से सितम्बर।
वर्षा ऋतु ख़त्म होने को है,
रुक रुक कर ही आती है बारिश
बादल सफ़ेद पड़ने लगे हैं
फीकी धूप और छाँह में
शहर तरंगित होता है एक जगह
पानी और छाँह की इमारत में
जैसे लहरों में गँदले गणपती
घुलते हुए, सुनते आरती
कविता कम हुई है
इस साल, चार आने फ़सल,
अब नये नौकरी धन्धे सीखो
प्रभु के प्रेषित।
किसी कलंकिनी को पवित्र करो
चमत्कारी नमूने की तरह
भेज दो पत्र
खुदा के लिए, "भेज दो मेरे बच्चों को पानी"
या जलाओ परदुख की लौ
जाओ हड़ताल पर, गाओ क्रान्ति के पहाड़ी गीत।

इस वर्ष का सब कुछ रिस रहा है
मेरे प्राणों की ढलान से
सड़ रहे हैं स्मृतियों के बहीखाते

खुद अपने खाद जल बन कर
Allons, dernier des poetes,
Toujours enferme tut e rendras malade*
कवि उठो, दूधवाला आया।
दूध दे कर गया।
पेपर वाला आया। पेपर डाल कर गया।
पेन में स्याही भरो। स्वच्छ काग़ज़ लो।
उस पर नयी कविता लिखो।
चुप बैठोगे तो न्युरॉसिस बढ़ेगा।
अहमद नमन कर। गोपाल नमाज़ पढ़।
सई, ये प्लम पुडिंग चख कर देखो।
पॉल रामरक्षा जप।

अरे, यह जीवन कितना बालबोध,
मोटे टाइप वाला, ज़रा साक्षर होकर पढ़ो।
लौट आती है वाणी कवि कितना भी हो क्षुद्र।
वह-ही है महारुद्र!

4.

कारण कवि मतलब एक सुसंस्कृत पशु
उसकी पूँछ पर प्रकृति की सर्जरी
उसकी मज्जा अन्य सबों से ज़्यादा ज़रीदार
व्याकरण से भी तेज़ उसके क्रियापद

उसने किया है सभी वस्तुओं से लाड़
शब्दों से भी; रोया है कभी
अचानक ही; उसी ने की है खेती
भावना की; वही दिखाता है हँसिया

मैं एक वनवासी विदूषक
जाता हूँ भरी भीड़ में बेधड़क
रेशे-रेशे में कूट-कूट कर भर जाने दो
द्वेष, तेज़ी से उमड़ जाने दो

---

* मूल मराठी कविता के बीचोंबीच फ्रेंच भाषा में लिखी इन पंक्तियों का भावनुवाद कुछ ऐसा हो सकता है :
"कवियों में अन्तिम कवि अब आओ
बन्द रह गये तालों में अगर तुम तो बीमार हो जाओगे"
(फ्रेंच भाषा में लिखी इन पंक्तियों का यह अनुवाद श्रीमती संगीता गोडबोले (भारतीय राजस्व सेवा) द्वारा इन फ्रेंच पंक्तियों के अंग्रेज़ी अनुवाद पर आधारित है। —अनुवादक।)

पीते हुए दुनिया के रंग
प्लेट तेज़ी से धुल जाने दो

असह्य भ्रम यह
असह्य विभ्रम शहर का।

देव, ऐसी ग्रन्थि दो, स्रवित होते रहें जिससे ग्रन्थ
स्मरते हुए सदैव तुम्हें मैं ही अपने को पगुराऊँ
देव, ऐसी दो आशा, जिसकी शास्त्रीय परिभाषा,
है जैसे मायावी, रंग सदा नीला इस आकाश का
देव पिता, मेरी शैली को दो द्रौपदी के पल्लू का ज़रीदार किनारा
रंग दो ज़रा मेरे इहलोक का यह गप सारा।
देव, चलाओगे दुलत्ती अगर मुझ पर गधे
तो रखो फिर ऐसा ही पिचका निडर यह मन मेरा।
दो लिखने मुझे बोरु से पन्नों पर बचे हुए कोरे काग़ज़ के
सरकंडों के साथ बजाओगे क्या छुरी काँटे होटल के
वह सच में, नहीं पुरातन की छड़ी।
देव पिता, काग़ज़ में जो कविता पड़ी
गरम-गरम अँतड़ियों पर लेप दो अब।
काटो जैसे : पोर-पोर यहाँ।

प्रचण्ड खाली शहर में

('प्रचण्ड रिकाम्या शहरातला'; एकूण कविता 1, पृ. 102)

1.

प्रचण्ड खाली शहर में
प्रचण्ड खाली घर
प्रचण्ड खाली घर में
दीवारों में ताखा
उसमें जीवन्त क्या सिर्फ़
एक पतिंगा
स्तब्ध और एकटक

स्वप्न की धूल में महक नहीं होती
मनुष्यों की नहीं होती आवाज़
और कैलेण्डर में नहीं होते हैं ईसवी सन
पीतल की कड़ियों पर
जो कालापन है
उस पर नहीं होते हैं गोटों के निशान

मैदान पर भिनभिनाहटों में सूखती घास
एक निश्चल बगूला जो रंग नहीं बदल सकता
कँटीले तारों की जंग लगी उलझनें
टूटी हुई शहतीरें

जिस तरफ़ गायें कब की निकल चुकी हैं
उस भूतकाल जितना चरागाह
अवास्तव से लगते टीले का बेढब उतार
बस्ती के उठे हुए कोने पर
'टिक' के निशान सी उजड़ी मजार

गला सूखते ही
जो पानी के लिए तड़प उठता है
वह कविता कैसे करेगा

वह कविता
किस लिए
करेगा
कविता किस लिए करता है
स्थल काल से बाहर निकल कर?

2.

वह नतदृष्ट मनुष्य
मनुष्य है ही नहीं
वह मनुष्य की तस्वीर है
और वैसा कोई मनुष्य था ही नहीं

चमकता लाल-जामुनी जरीदार शाल ओढ़े
नाक में मोती की भड़कीली नथ डाले
हाथों में आँचल का छोर कस कर पकड़ी
नऊवारी साड़ी में खड़ी करारी औरत प्रत्यक्षतः थी ही नहीं

हाथ में चाँदी की मूठ वाली छड़ी धारण किये
बन्द गले की शेरवानी और
गालों तक घनी और रोबदार मूँछें
रखने वाला सम्भ्रान्त मनुष्य
कभी था ही नहीं तस्वीर के बाहर

फ्रेम में फ्रेम तक
जतन से बनायी गयी यह प्रतिमा
मनुष्यों पर आधारित ही नहीं है

यह तो छन्द है
मखमली शार्दुलविक्रीडित
गर्भरेशमी मन्दाक्रान्ता
पैठणी में छन्द आर्या
और नक्शे-ख़याली में पली
संकरों की मात्रावृत्ति

यहाँ वह परिचित ऊखल नहीं दीखती
नहीं दीखता जीवन का पीस दिया जाना
या प्रायः खाली पड़े अनाज के घड़े
सूखे हौद नहीं दीखते
या भरी दोपहर में मध्यरात्रि सी ऊपरी मंज़िल

जंग लगे ट्रंक
मुड़े तुड़े रोज़नामचे
और धुँधला चुकी जन्मपत्रिका
नहीं दीखती

3.
इस ऊपरी मंज़िल पर
रंगीलेपन से उन्होंने जो मैथुन किया था
उसकी जानलेवा गन्ध
कहाँ उड़ गयी?

कर्पूर और कस्तूरी
केसर और जायफल
चूना कत्था और जर्दा
इनका कोई निशान भी नहीं अब

साड़ी की चुन्नटें कंचुकी की गाँठें
गदराये यौवन के अवयव
और छोड़ी गयी उन आहों के
अब नामोनिशाँ भी नहीं हैं यहाँ

यहाँ के पारा उड़े आईनों में
वे सब प्रतिबिम्ब अब
टिके हुए हैं उस पार की प्रतिसृष्टि में शामिल

4.
नीलामी में खरीदी गयी सन्दूक से
किसी बन्द पड़ी नाटक कम्पनी के
सामान बाहर निकाल लायें
यह बाराबन्दी
यह हमें अँटेगी क्या
फबेगा क्या हम पर यह रंग उड़ा जैकेट
ऐसी कई बातें मन को मथती रहती हैं
ऐसा ही लगता है
इस निरुपयोगी एस्टेट के
सन्दर्भों को उघाड़कर उनका वैभव देखने पर

प्रचण्ड खाली स्वप्न के
प्रचण्ड खाली घर में

लुडविग को ढूँढ़ते हुए

(बवारिया के मेरे मित्रों, विशेषतः, वीलैण्ड ग्रोम्स और गर्डहोलजीमर के लिए)
('Looking For Ludwig'; As As Where As, पृ. 261)

1.
जब तक कि तुम प्रशंसा को एक किस्म की दया
और इतिहास को कॉफ़ी टेबल की गपशप नहीं मान लेते
लुडविग को ढूँढ़ना अब और ज़्यादा कठिन लगता है

राजा होना सिर्फ़ एक विचार है
सिद्धान्त रूप से कोई किसी का भी राजा बन सकता है
जब तक कि जतन से उस कल्पना की रक्षा होती रहे

लेकिन यदि वंश ही सिंहासन के लिए अभिशप्त और
बाध्य करता है कि इस भूमिका को उसके कटु अन्त तक निभाया जाये
तो ना ही तुम्हारी भौंक और ना ही तुम्हारी काट राजसी रहेगी

और तब भी यह कुत्तों की ही ज़िन्दगी है
एक शाही पट्टे और एक परपीड़क रखवाले के साथ
जो ईर्ष्या करता है आपकी वंशानुगत पात्रता से

वह 1997 का वसन्त था जब वह मेरे पास आया था
स्ट्रॅन्बर्गर सी के पार
एक निर्वात चाँदनी रात में

मैं विला वाल्डबेर्टा के ग्लास टावर में
अकेला बैठा था झील को अपलक निहारता
जो कॉनिग लुडविग की पनैली क़ब्र थी

उसे वहाँ गोली मार कर डुबोया गया था अपने मनोचिकित्सक के साथ
जिसे गोली मार कर डुबोया गया था अपने राजा के साथ
कुछ लोग उस प्रशियन जासूस को गाली देते हैं

मैं जो भी जानता था सिर्फ़ एक अस्पष्ट कथा थी
बवारिया की लगभग अन्तिम लोक कथा सी
नियति की अप्रतिम अघुलनशील झील में

2.

अब 2003 का पतझड़ है
मैं एक बार फिर से विला वाल्डबेर्टा में हूँ
पर मेरी खिड़की से दृश्य बदल चुका है
पहले तो, यह वह अपार्टमेण्ट नहीं है
और यह खिड़की भी अलग है
इस सुबह कोहरा और ठण्ड है

लुडविग का कोई निशान नहीं अब तक
वह अनिद्राग्रस्त है रात को अपने घोड़े पर
अपने निशाचर साम्राज्य के सर्वेक्षण में

एक जोशीला युवक राजसी आकृति का
लगभग सुन्दर, भुतहा दीखता हुआ
एक शरणार्थी अपने ही सपनों का

क्या मैं वाकई बूढ़ा हो गया हूँ
जो सोचने लगा हूँ उस रूमानी राजकुमार लुडविग
और उसके दौर के राजमहल की साजिशों रंजिशों और षड्यन्त्रों पर?

लुडविग मुझे एक विधर्मी हिन्दू मान सकता है
या फिर किसी नायाब हुनर के कारीगर की तरह
शायद मुझे भी संरक्षण दे दे उत्सुकतावश

लुडविग मुझे नियुक्त कर ले अपनी महिमा गायन के लिए
शास्त्रीय संस्कृत या दरबारी उर्दू में
अपने मुग़ल प्रतिरूप की तरह

क्या लुडविग जानता है कि मैं वैसा हूँ
जो दान लेना अस्वीकार कर देगा?
दूसरों की तकलीफ़ों में आमन्त्रित कृतघ्न?

क्या लुडविग को एहसास है कि मैं भी एक राजा था
बड़ोदा में अपनी बाल सुलभ कल्पनाओं में
काम सूत्र तक अपनी गुप्त पहुँच के साथ?

कि मैं भी चहकता खेलता था अपने पर्फ्यूम्ड गार्डन में
स्वीकारती सुन्दरियों के बीच व्यभिचारी पशु की तरह
अपना जंगली जौ बोता?

मैं अब और याद में आतुर नहीं हूँ, मैं मृत्यु के भारी बूटों को अपना पीछा करते
सुन रहा हूँ, लेकिन मैं अभी भी तैयार नहीं हूँ मरने को
या अपनी ढलती उम्र को मर्यादा से स्वीकार करने को।

मेरे और लुडविग के बीच के इस रसशास्त्र को
कोई कैसे समझाये? वह एक दुखी समलैंगिक,
वॅगनर जैसे लोगों से गुप्त प्रेम में, जिन्होंने उसे दुत्कार दिया और चले गये
और मैं, एक खानाबदोश व्यभिचारी फाँदता अन्तर महादेशीय बिस्तरों पर
शोध करता कविता और एक रात के मिलन में काम कला
के अश्लील स्रोतों का पुराने और नये विश्व में

भावी लेखक अब तक अनलिखे मास्टरपीस
हिन्दू की तरह सम्भोग का
एक अपवित्र यायावर पवित्र ब्रह्माण्ड में।

3.
बादल का फटना स्ट्रैनबर्गर सी पर
नाटकीय एक भव्य स्तर पर
बवारिया में वह असंगत भूरा आदमी मैं हूँ

चित्रे, 1997, अपार्टमेण्ट 'C'
विला वाल्डबेर्टा फेल्डाफिंग में, ढूँढ़ता हुआ
बारिश के पार लुप्त हुए एल्प्स पर्वतों को

लुडविग हँसता हुआ अपने मरणोत्तर उल्लास में
वह छुपा नहीं पाता अपनी बचकानी ख़ुशी को
गर्मी का मौसम लगभग आ चुका है यहाँ

दक्षिण से आती गर्म हवा पहाड़ों से उड़ेलती है
'फॉन'* घाटी के छलकते प्याले में
हंस और सूअर मत्त हो जाते हैं एक ही तरह से

---

* 'फॉन' (Fohn) : एल्प्स पर्वतों की ढलानों से बहती गर्म हवा।

चित्रे के मन में लुडविग उग रहा है
बवारिया की शुद्ध चेतना की तरह
एक विधर्मी अपने पवित्र गिरजाघरों के बीच

स्थापत्य में अभी रोमन, बारोक अभी,
अभी झूमता रोकॉको
'योडेलिंग'* करता हुआ अत्यन्त स्वतन्त्रता और विद्युतीय चमक में

एक किशोर सा बेधड़क, कामुक
अश्लील और कामोत्तेजित और भोग-सुख से भर्राया हुआ
अहा कैसा तूफ़ान उठा सकता है लुडविग अपने जादू से

और बादल लुप्त हो जाते हैं उसकी छड़ी के आदेश पर
और लुडविग संकेत करता है झील के उस स्थल की ओर
उच्च जर्मन विप्लव निम्न जर्मन शान्ति पर

जहाँ लुडविग ने अपनी मातृभाषा खोयी
और बवारिया ने पायी एक नयी लोक कथा

---

* 'योडेलिंग' : स्विस पर्वतवासियों के लोकगीत का तीव्र उतार-चढ़ाव वाला एक आलाप।

मुम्बई : एक गीत

('Mumbai : A Song'; As As Where As, पृ. 84)

बिखेर दिया मन को
कविता की तरह
यह शहर किसी के साम्राज्य की
फुसफुसाहटों का अवशेष है
शेष
आवाज़ अब आबाद है
अजनबी करोड़ों से
जहाँ कभी माउंटस्टुआर्ट एल्फिसटन के घोड़े
सरपट दौड़ते थे द्वीप का सर्वेक्षण करते
बाज की
उदास आँखों से
बाद में किपलिंग का जन्म हुआ
जहाँ अब वे बेचते हैं
आम और बैंगन मौसमों में
और रेलवे लाइन
यहाँ से जाती है
समूचे प्रायद्वीप में
जो फटी और फफोलों भरी
रोटी है महाद्वीप की
हमारी थाली को भरती हुई
मैं कैसे गिन सकता हूँ
तुम्हारे मुँह में दाँतों को
भूखी देवी द्वीप की

या कैसे आँक सकता हूँ
काली की तरह तुम्हारी लाल जीभ
चालीस सालों तक तुम्हारे भारी भरकम स्तनों
की छाया में
जिसने दूध नहीं पिया है कभी

स्वेज के पूर्व में
अंग्रेज़ों की इतनी सुन्दर
रखैलें थीं और क्लब थे
जो चुटकुले वे सुनाते थे
आर्मी के मेस में
पैदा करते हँसी
जिसकी देर तक टिकी गूँज
अब भी प्रेरित करती है
जनरलों को रक्षा करते हुए हिमालय की
और कोलाबा
लैण्ड्स एण्ड की
अफ़गान चर्च के
धन्य शहीदों की
जिन्होंने ख़ून बहाया इंग्लैण्ड के लिए
इन असभ्य जगहों में
समय बदल चुका है
साम्राज्य पलट गया और
अश्वेतों ने इंग्लैण्ड पर धावा बोल दिया है
यह एशियाई ख़तरा
सर्वव्यापी है अब
सिर्फ़ बम्बई में ही
कुछ अंग्रेज़ी गरिमा बची हुई है
विक्टोरिया टर्मिनस
हमारी आधुनिकता का गोथिक आधार
अभी भी खड़ा है शानदार तरीके से
देसी गन्दगी के बीच
कुलियों और कवियों की आवाज़ों से भरा हुआ
टाइम्स ऑफ़ इण्डिया के सामने
बोरी बन्दर का वह बूढ़ा खूसट
तिरस्कार से घुड़कता
सम्पादकीय कोरस में गाते धूर्त नपुंसकों को
जिन्होंने गुणगान किया था इन्दिरा गाँधी का
परवर्ती दिनों की उस सम्राज्ञी का
जिसने मिटा देने का वायदा किया था
बम्बई की झुग्गियों को और घोषित किया था कि
भिखारी विदेशी हैं
शान्ति के लिए ख़तरा
अब जब कि वह जा चुकी है

और पुलिस को सलाह दी गयी है नियम पालन की
हम फिर निकल आये हैं उन सड़कों पर
जिनका कभी अँग्रेजी नाम था
और अब जो अनुयायी हैं
महात्मा गाँधी के
शराब बन्दी की बात करते हैं
स्मगलर धार्मिक बन गये हैं
सत्तर लाख जीभ फिर लपलपाती है
हमारा शोर स्वर्ग तक उठता है
हमारी मैनहटन सी स्काय-लाइन से भी अधिक ऊँचाई तक
जो आकर्षित करता है न्यू यॉर्क टाइम्स के संवाददाता को
हमारा एक पवित्र जुड़ाव है
एकदम भीतरी शहर के नागरिक होने के कारण
विस्थापित दोगलों के झुण्डों से
जो ठूँसा हुआ है एक सिकुड़ते द्वीप पर जो सिर्फ़ बढ़ सकता है
स्वर्ग की तरफ़
मेरी अपनी भीड़ भरी कविताओं की तरह।

चन्द संस्मरण चन्द शब्द...

"The great fantasies, myths and tales are indeed like dreams; they speak from the unconscious to the unconscious, in the language of the unconscious–symbol and archetype. Though they use words, they work the way music does : they short-circuit verbal reasoning and go straight to the thoughts that lie too deep to utter."
(Cech, John. "Angels and Wild Things : The Archetypal Poetics of Maurice Sendak." University Park : Pennsylvania State UP, 1995.)

दिलीप चित्रे की कविताओं तक आते-आते उनकी कविता में आये मिथकों और उनकी काव्यचेतना को प्रभावित करने वाले सांस्कृतिक विश्व, जैसे अमेरिका, यूरोप, खण्डोबा, विट्ठल, सन्त तुकाराम, सन्त ज्ञानेश्वर, कश्मीरी शैव दर्शन और नाथ सन्तों की सिद्धियों आदि के बारे में कुछ बातें कर लेना यहाँ आवश्यक है। ये वो प्रभाव और उन प्रभावों की पृष्ठभूमि हैं जो उनमें सांस्कृतिक परिमार्जन के बजाय उस शुद्ध सहज और नैसर्गिक रूप से अनगढ़, असभ्य स्वरूप को पाने की लालसा जगा देते हैं। यह उस 'मैं' की खोज और प्राप्ति है जो अपने अनगढ़, असभ्य, अपरिमार्जित और शुद्ध आदिम-प्रकृति रूप में है और जो व्याकरण, संस्कार, संस्कृति धर्म सबसे अछूता रहता हुआ बस 'है'। वह 'स्कूल्ड' नहीं है, परिमार्जन की कृत्रिम चमक से अलग अपने अस्तित्व के सहज ओज में खनकता है, दमकता है। खण्डोबा कविता में आया वह 'असभ्य आवारापन', जो गिरजाघरों या बौद्ध स्तूप में नहीं समा पाता है और जो 'व्याकरण के झोले में आनन्द से पागल हुए' लोगों से अलग है, कवि की शोध का चरम है जो उसे शिव की ही तरह 'आत्मशोध' को प्रेरित करता है। इसी प्रेरणा से उसके 'शिव'-पुरुष के भीतर प्रकृति का जन्म होता है जो उसके पुरुष से अनन्त सम्भोग रत रहते हुए उसके शिव के आत्मशोध में लगातार सृजनशील हो जाती है। शिव एक अरितत्व और एक मिथक दोनों ही स्तर पर 'मैं' हो जाता है।

(1)

मिथक हमेशा से ही सर्जनात्मक कृतित्व का महत्त्वपूर्ण अंग रहे हैं। दिलीप चित्रे के कथन में भी इनकी महत्त्वपूर्ण उपस्थिति है। उनकी कविताओं में भारतीय और यूनानी मिथक बहुत सहजता से आते हैं और उन कविताओं में अपने को पुनर्सृजत करते हैं। देवी, खण्डोबा, मैजिक मुहल्ला, महामन्त्रोच्चार आदि कविताओं में कवि ने कई नये मिथकों का सृजन किया है और पुराने कुछ मिथकों का नवीनीकरण भी किया है। मसलन, मैजिक मुहल्लामें सलमा एक निम्न मध्यमवर्गीय मुस्लिम लड़की का मिथक बन जाती है पर 'देवी' और 'खण्डोबा' में आदि शक्ति और महाराष्ट्र के लोक नायक देव खण्डोबा सनातन प्रश्नों और आधुनिक सन्दर्भों के बीच रखे जाते हैं। अपनी कविता 'महामन्त्रोच्चार' में वे अपने 'मैं' का मिथक रचते हैं। कवि का यह कथन कि "उसे ही खोजता मैं डूबता जाता हूँ अपने

शुद्ध में" उसे अपने शुद्ध स्वरूप की गहराइयों में उतारता चला जाता है जहाँ वह आत्मसाक्षात्कार की अवस्था में समस्त विश्व को ही अपने 'मैं' में उद्‌भासित होता पाता है, उस 'मैं' की शोध के चरम का मिथकीय विराट रचता है।

मिथक आधुनिक मनोवैज्ञानिकों, मानवशास्त्रियों, भाषाशास्त्रियों और दार्शनिकों के लिए लगातार शोध, अनुसंधान और विवाद का विषय रहा है। सिगमंड फ्रायड, कार्लयुंग, जोसेफ कैम्पबेल, लेवी स्ट्रॉस, एन्ड्र्यू लैंग, कैसिरेर, ब्लूमबर्ग आदि विद्वानों ने अपने-अपने ढंग से मिथकों के अध्ययन को प्रभावित किया है। सिगमंड फ्रायड ने जहाँ इसे दबे हुए भय, इच्छा और कुण्ठा की अभिव्यक्ति के रूप में देखा है, जिनकी अभिव्यक्ति सामाजिक निषेधों की वजह से सहज सम्भव नहीं है। कार्ल युंग इसे 'सामूहिक अचेतन' (Collective Unconscious) से जोड़कर इसे भौतिक विश्व की स्थितियों से जोड़कर देखते हैं। सारी बहस मुख्यतया इन्हीं दोनों को ले कर चली है और अब इसे भाषा से भी जोड़ कर देखा जा रहा है।

मैं मिथकों को भाषिक अभिव्यक्ति की प्रकृति और सीमाओं से जोड़ कर देखता हूँ। इस अभिव्यक्ति में चेतन-अचेतन अवस्थाओं का मूल योगदान तो अवश्य ही है, लेकिन मिथकों में कोई सत्य, कथ्य या तथ्य उसी तरह प्रतीकों में अभिव्यक्त होता है जैसे कि रोज़मर्रा की कोई भी बात भाषा में अभिव्यक्त होती है। मिथक अपने आप में एक भाषा है और इस भाषा को अभिव्यक्त होने के लिए बोली या/ और लिखी जाने वाली किसी भाषा की आवश्यकता होती है। भाषिक अभिव्यक्ति और मिथक-सृष्टि में सृजन के स्तर पर मैं समानता पाता हूँ। भाषा और मिथक दोनों ही किसी प्रतीक व्यवस्था पर आश्रित हैं और दोनों ही अमौलिक हैं।

भाषा अनुभवों, इच्छाओं और अपने विश्व की अन्तःक्रियाओं और आपसी आदान-प्रदान को अभिव्यक्त करने की ध्वन्यात्मक छवियाँ है। इसमें हर ध्वनि एक प्रतीक के रूप में होती है जिसका एक अर्थ होता है। ये ध्वनियाँ अलग-अलग देशकाल में अलग-अलग अर्थ पाती हैं। उसी अभिव्यक्ति के लिए अलग- अलग भूगोल, समाज और ऐतिहासिक अवस्थाओं में अलग-अलग ध्वनियाँ जन्म लेती हैं, एक अर्थ पाती हैं और कालान्तर में वे ध्वनियाँ अपना अर्थ खो देती हैं। विश्व भर के समाजों में और उन्हीं समाजों में प्रयुक्त भाषा की विविधताओं और उन भाषाओं में समय के साथ आने वाले बदलावों की यही वजह है। किसी वस्तु विशेष के लिए अलग-अलग देशकाल, समाज में अलग-अलग ध्वनियाँ क्यों जन्म लेती हैं, इसका अब तक कोई तय कारण नहीं ढूँढ़ा जा सका है। यह शोध भाषा शास्त्र के लिए एक महत्त्वपूर्ण विषय है।

अतः भाषा मानव की अभिव्यक्ति के लिए ध्वनि समूहों का प्रतीकात्मक समुच्चय है। यह विश्व और मन की अन्तःक्रियाओं का एक औसत सरलीकरण है जो सहज सम्प्रेषित हो सके। इस तरह, हर शब्द एक प्रतीक है, छवि है, बिम्ब है। हर शब्द उस कथ्य की नकल है जिसे वह अभिव्यक्त करता है। इस लिहाज़ से भाषा अपने उद्‌भव में ही किसी कथ्य की नकल है अतः वह अमौलिक है। इसके साथ ही किसी कथ्य को वर्णित करने में हम प्रायः बिम्ब, उपमान या फिर संश्लिष्ट छवियों का अनुसन्धान करते हैं, यह प्रयास एक तरफ़ उस सत्य को वर्णित करने का प्रयास करता तो है ही, दूसरी तरफ़ वह उसे अपभ्रंशित भी करता है। मिथकों की सृष्टि भी ऐसे ही होती है। मिथक उन मानवीय आकांक्षाओं और कल्पनाओं का स्थूल विश्व में एक प्रतीकात्मक सम्प्रेषण हैं जो जीवन और विश्व की अन्तःक्रियाओं से उगते हैं। फ्रायड को पढ़ते हुए मुझे कई बार ऐसा महसूस हुआ है कि उन्होंने मिथकों के विश्लेषण में मानव मन के चेतन, अवचेतन और अचेतन स्तरों का सामान्यीकरण करने के प्रयास में उस विश्लेषण पर ख़ुद अपनी कुण्ठाओं और असुरक्षाओं को थोप दिया है। दूसरे शब्दों में उनकी वस्तुनिष्ठता में आत्मनिष्ठता रिस आयी है। दरअसल, मेरी यह धारणा कॉलेज के ज़माने से ही बलवती होती जा रही है कि मानव से जुड़े अध्ययन और चिन्तन में तय की जा रही वस्तुनिष्ठता में भी आत्मनिष्ठता सन्निहित

होती ही है। जब व्यक्ति सामूहिक आत्मनिष्ठता से जुड़ जाता है और जब वह अपने देशकाल के प्रश्नों को सुलझाने में प्रयासरत होता है तो उसे भाषा की आवश्यकता होती है, उसी भाषा की जो मूलतः अमौलिक है और उस तथ्य या कथ्य का अन्ततः छद्म ही रचती है। सत्य, कथ्य या तथ्य के वर्णन में हम ध्वनियों और मानसिक चित्रों का उपयोग करते हैं। यही चित्र या छवियाँ एक मेटाफर बनती हैं। अभिव्यक्ति में कल्पना का समावेश मिथकों का सृजन करता है। हम विरासत में अपने मिथक तो पाते ही हैं, रोज़-रोज़ जीते हुए, हम आपस में नये मिथकों का सृजन भी करते हैं। यह एक लगातार चलने वाली क्रिया है जो हममें एक सामाजिक रागात्मकता भरती है और मृत्यु भय की छाया में हमें अपने कथित और मिथकीय इतिहास की निरन्तरता से जोड़कर, हमारा अपने दायरे से कहीं अधिक विस्तार कर हमें मनोवैज्ञानिक स्तर पर मृत्यु की सापेक्षता में अमरता से भी जोड़ती है। यह हमारे आत्मबोध और अहं का विस्तार कर उसकी तुष्टि भी करता है।

हमारी भाषा भी सत्य का मिथक ही रचती है। कविता, कला और कथा मिथक सृष्टि के अद्भुत साधन हैं। इन माध्यमों में हम ध्वनियों को, जो ख़ुद भी एक प्रतीक ही हैं, लिखित शब्दों के प्रतीकों में व्यक्त करते हैं। अतः लिखित अक्षर भी किसी प्रतीक का प्रतीक ही हैं। इन प्रतीकों के निहितार्थों से हम एक अर्थ जोड़ते हैं जो हमारे मस्तिष्क और मन पर प्रभाव डालता है। चित्रों में, नाटक में या अन्य माध्यमों में भी एक प्रतीक व्यवस्था होती है जो प्रकारान्तर से अपना अर्थ पाती और उसे सम्प्रेषित करती है।

कथा कविताओं में सर्जक की कल्पनाशीलता अलग-अलग स्थितियों का निर्माण कर उन स्थितियों के भीतर उतर कर या फिर उनके उस पार तक जा कर अपना असर पैदा करती है। पाठक के मन पर यह वैसा ही असर पैदा करे जो सर्जक के मन में हुआ था, यह ज़रूरी नहीं है। लेकिन इतना अवश्य है कि पाठक अपनी मानसिक बुनावट और तत्कालीन स्थितियों के अनुसार उन शब्दों, बिम्बों और प्रतीक व्यवस्थाओं को ग्रहण करता है।

एक कवि, कथाकार, कलाकार, सर्जक, वार्ताकार, संवाददाता या भाषा का इस्तेमाल करने वाला कोई भी व्यक्ति यही करता है। किसी वास्तविक या काल्पनिक सत्य का आख्यान बार-बार दुहराया जा कर उक्त सत्य को एक मिथक के रूप में सृष्ट करता है। उन मिथकों का रूप उस देशकाल से नाभि-नाल बद्ध होता है जिसमें वे जन्म लेते हैं। मसलन, यूनानी और ऋग्वैदिक युग के मिथक आपस में अलग तो होंगे ही, वे आधुनिक युग के मिथकों से भी अलग होंगे। भाषा में हम, स्वभावतः एक छद्म ही रचते हैं। यह छद्म उस कथ्य की नकल से बनता है जो पहले से ही है और जिसे भाषा में दुबारा बनाया जा रहा है। भाषा और मिथकों की सृष्टि पर एक मनोवैज्ञानिक समाजशास्त्रीय अध्ययन की आवश्यकता है।

कविता में मिथक का प्रयोग और उसका पुनर्निर्माण कवि के काव्यगत मनोविज्ञान और उसकी कविता की पृष्ठभूमि को व्याख्यायित कर सकता है। यह उसकी कल्पना शक्ति और अमौलिक तथ्यों के माध्यम से मौलिक कथ्य सृजित करने की अद्भुत क्षमताओं को भी दर्शाता है।

(2)

आधुनिक काल की कलाओं में मूल मिथक के स्वरूप को बदल कर, उसे तोड़ कर समकालीन आवश्यकताओं के अनुसार उसे प्रस्तुत करने की प्रवृत्ति बहुत मुखर हुई है। यह प्रवृत्ति दिलीप चित्रे की कविताओं में भी नज़र आती है।

उदाहरण के लिए, सृष्टि की स्वभावगत निरन्तरता और उसकी सतत सृजनशीलता के लिए प्रकृति-पुरुष के रूपक में जो बातें सन्त ज्ञानेश्वर कह रहे थे, उन बातों से प्रेरित होकर दिलीप चित्रे ने प्रकृति-पुरुष को एक मिथकीय रूप दे कर उसे आधुनिक और पार्थिव सन्दर्भों में रख दिया जो स्त्री-पुरुष के सहवास और उनकी परस्पर क्रीड़ात्मकता और उनके अन्तःसम्बन्धों में नज़र आता है। इसे उनकी कविताओं, जैसे, निद्रानाश, अष्टभुजा, मृत्यु आदि कविताओं में देखा जा सकता है। 'शक्तीची प्रार्थना' कविता में, और कवि के आयोवा (अमेरिका) प्रवास के दौरान 1976 में लिखी गयी 'देवी' नामक कविता शृंखला में, यह तत्त्व चिन्तन और उसका मिथकीय रूप आधुनिक सन्दर्भों में पूर्ण रूपेण मुखर होकर आता है। ये कविताएँ देवी को सम्बोधित होकर, कवि-विश्व के आज के संघर्षों से गुज़रते हुए, स्त्री-पुरुष (प्रकृति-पुरुष) के शास्वत सम्भोग के तत्त्व चिन्तन की तरफ़ मुड़ जाती है जहाँ उस मिथकीय देवी की दैवीयता से अलग हट कर कवि उसे सिर्फ़ 'प्रकृति' की तरह देखता है जो 'पुरुष' के साथ सम्भोग रत है और जिसके कारण सृष्टि निरन्तर हो रही है। देवी के उस 'प्रकृति'-रूप में उसे अपने संसार की पार्थिव देवियों के साथ हुए अनुभवों के सूत्र मिलते हैं और वह दैवी और पार्थिव स्त्रियों के अन्तर से निकल कर उनके ऐक्य में, उनके अद्वैत में, रम जाता है। देवी के इस सर्वव्यापी ऊर्जा के धड़कते स्पन्द के रूप के प्रति कवि की सृष्टि में न तो भक्ति का भाव है, ना ही देवी के प्रति वह पारम्परिक अहोभाव। वह देवी को धर्म और श्रद्धा की महिमा से निकाल कर उन्हें उनके शुद्ध प्राकृतिक रूप में देखता और उन्हें वैसे ही ग्रहण करता है। यहाँ अगर कुछ है तो वह बस एक असम्पृक्त और वस्तुनिष्ठ दृष्टिकोण है जो किसी दार्शनिक का हो सकता है। और इस शोध में वह प्रकृति के विराटरूप के दर्शन पाता हुआ उसके रहस्यों को समझ पाने में ख़ुद को अक्षम पाता है।

हाथ नहीं आ सका तुम्हारे स्तन का खगोल
आँखों में सिर्फ़ कण गया उस स्तनाग्र का
खुल नहीं पाया तुम्हारा दुर्बोध त्रिकोण
नहीं अनुभव कर पाया तुम्हारी अनारम्भ जंघाएँ
सिर्फ़ पेट में पड़ी खड्ड
जिससे बहती गयी तुम्हारी

सतत पलटती गीति
निर्वाण की यह नदी
सात समुद्रों के उस पार की तुम्हारी ओवी

इस कविता में शिव शक्ति की तल्लीन काम क्रीड़ा में कवि भी शामिल हो जाता है, कभी ख़ुद में शिव को भरता हुआ अनुभूत करता है और शैव दर्शन के 'शिवोहम्' भाव से प्रेरित हो शिव हो जाता है, तो कभी ख़ुद ही प्रकृति के प्रति पुरुषोचित आकर्षण से भर उठता है।

सौ सौ शम्भु निनादते हैं
अब मेरे विश्वम्भर शरीर में

क्षण मात्र हँसते ही
चमकते हैं कल्पान्त के दाँत
***
तुम्हारे कल्लोल के कूल्हे हाथों में भींचे हुए
मैं आऊँगा लपकते हुए
झकझोर कर हिलाऊँगा अस्तित्व का आधार
लिपटूँगा तुम्हारे कन्धों से
चक्रवाती वेग से करूँगा मन्थन
खींचूँगा स्तन
स्खलित हो फूट जाऊँगा झाग में
खींच कर तान दूँगा मध्याह्न को

या फिर

वहाँ तुम्हारा दाना तना हुआ ऊर्ध्व
जिसमें भिड़ा हुआ यह जिव्हाग्र निर्भीक

और फिर, कवि कहता है

बार-बार श्मशान से लौटती है संस्कृति
टुकड़े टुकड़ों में घटित होता है मरण, पुनर्जन्म
कोई बढ़ाता है जटा, कसता है कोई लँगोट

बाल मुड़वा कर करता है कोई मस्तक खाली

एक बिन झाँट योनि एक चमकता लिंग
एक बिन हाथ जोड़े नमस्कार
देव और देवी करते हैं सुप्त मैथुन
पत्थर पत्थरों में प्रकटता रहता है रक्त

ऐसी और भी अभिव्यक्तियाँ हैं जो शुद्ध सम्भोग से गुज़रते हुए जीवन मरण, सृष्टि, संरक्षण और विनाश के दर्शन से होती हुई ब्रह्मरन्ध्रों और सहस्रार तक पहुँचती हैं। सृष्टि की लगातार फूट रही ऊर्जा के स्रोत की उद्‌गम बिन्दु प्रकृति-पुरुष के बीच निरन्तर चल रही वह विराट काम क्रीड़ा है जो सृजन करती है। यही ऊर्जा अलग-अलग ढंग से जीवन का रूप गढ़ती है और इसके संघर्षों को जन्म देती है।

मिथक सृष्टि के अलावा इस कविता की एक और उपलब्धि है इसमें हुए शब्द-प्रयोग और वाक्य विन्यास जो इस अनुवाद की सीमाओं में अँट नहीं पाये हैं।

दिलीप चित्रे की कविताओं में देवी से सम्बन्धित मिथकों के अन्य उदाहरण 'शक्तीची प्रार्थना', 'शवासन : नोव्हेंबर-डिसेम्बर 1976', 'आराधना' आदि कविताओं में मिलते हैं। इसके अलावा खण्डोबा के मिथकों का उद्धरण उनकी दीर्घ कविता 'खण्डोबा', 'डोंगराचा ईश्वर', 'येळकोट', 'येळकोट-2', 'कारूहेपठारचढताना' (कर्हेपठार चढ़ते हुए) 'म्हाळसा' जैसी कविताओं में मिलता है।

देवी के अलावा खण्डोबा से जुड़े मिथक दिलीप चित्रे की कविताओं में एक महत्त्वपूर्ण स्थान पाते हैं। खण्डोबा महाराष्ट्र और कर्णाटक में एक लोक देव की तरह पूजित हैं। उन्हें 'खण्डोबा', 'खांडेराया' 'मल्लूखान' 'मार्तण्ड भैरव' आदि नामों से भी जाना जाता है। वे योद्धा जातियों (क्षत्रियों), किसानों, चरवाहों, पशु पालक जातियों, आदिवासियों और कहीं-कहीं ब्राह्मणों के भी कुलदेवता के रूप में भी पूज्य हैं। मुसलमान समाज में भी उनका माहात्म्य है और वे उन्हें 'मल्लूखान' के नाम से सम्बोधित करते हैं। जेजूरी नामक एक स्थान जो महाराष्ट्र में पुणे से 48 किलोमीटर की दूरी पर स्थित है, खण्डोबा का मूल स्थान माना जाता है। 9वीं-10वीं शताब्दी में खण्डोबा की पूजा एक लोक देवता के रूप से बदलकर शिव के एक अवतार 'मार्तण्ड भैरव' के रूप में होने लगी। मार्तण्ड भैरव का यह रूप शिव, सूर्य और कार्तिकेय के गुणों का मिश्रित अवतार माना जाता है। उन्हें या तो एक लिंग की तरह प्रतीकित किया जाता है, या फिर गधे अथवा बैल की सवारी करते हुए दिखाया जाता है। खण्डोबा की कथाएँ 'मल्हारी माहात्म्य' में दर्ज हैं। इसके अलावा इनकी कथाओं का विस्तार लोकगीतों के माध्यमों से भी हुआ है। इन सभी लोकगीतों में युद्धों में उनकी विजय, मल्ल और मणि नामक असुरों का उनके द्वारा वध और उनके कई विवाहों का वर्णन मिलता है।

लोककथा के अनुसार मल्ल और मणि नामक दो असुर थे जिन्हें ब्रह्मा से अपराजेयता का वरदान मिला हुआ था। मल्ल बड़ा और मणि छोटा भाई था। इस वरदान के अहंकार में उन दोनों भाइयों ने जहाँ-तहाँ आतंक मचाना और सद्पुरुषों और मुनियों को प्रताड़ित करना शुरू कर दिया। पीड़ित सप्तऋषियों ने जब इन्द्र और विष्णु द्वारा अपनी असहायता व्यक्त किये जाने पर शिव से प्रार्थना की तो शिव ने मार्तण्ड भैरव का वह रूप लिया जिसे लोक संस्कृति में खण्डोबा के नाम से जाना जाता है। मल्हारी माहात्म्य में मार्तण्ड भैरव का वह रूप देवताओं की सेना का नेतृत्व करता हुआ, त्रिनेत्र, कपाल पर अर्धचन्द्र धारण किया हुआ, स्वर्ण और सूर्य सा दमकता, हल्दी में सना हुआ वर्णित किया गया है। ('हल्दी में सना हुआ'; 'हल्दी का भण्डारा'; 'हल्दी के बादल' आदि के बिम्ब चित्रे की कविताओं में कई जगह देखे जा सकते हैं।) असुर भाइयों से हुए घोर संग्राम में मार्तण्ड भैरव ने दोनों भाइयों का वध कर दिया। कथा के अनुसार, मरते समय छोटे भाई मणि ने पश्चात्ताप करते हुए अपने पापों के प्रायश्चित्त के रूप में अपना अश्व मार्तण्ड भैरव को उपहार स्वरूप देकर उनसे वर माँगा कि उसे मार्तण्ड भैरव के मन्दिरों में उनकी मूर्ति के पास ही जगह दी जाये, मानवता का उद्धार हो तथा उसे बकरे का मांस प्रसाद स्वरूप अर्पित किया जाये। तभी से मार्तण्ड भैरव के मन्दिरों में मणि की भी मूर्ती रखी जाने लगी और उसे एक अर्द्धदेव की उपाधि मिल गयी। उन असुरों में से बड़े भाई मल्ल ने अपनी अन्तिम इच्छा के रूप में मानवों का सर्वनाश माँगा। इससे क्रोधित होकर मार्तण्ड भैरव ने उसका सर धड़ से अलग कर दिया जो अब मन्दिर की सीढ़ियों के पास पड़ा हुआ दिखाया जाता है ताकि भक्त आते-जाते हुए उसके सिर को अपने पैरों से कुचलते रहें।

खण्डोबा की पत्नियों 'म्हाळसा' और 'बनायी' को शिव पत्नियों 'पार्वती' और 'गंगा' के अवतार रूपों में वर्णित किया जाता है। 'म्हाळसा' वैश्य समुदाय से थी और 'बनायी' धनगर यानी, भेड़ चराने वाली चरवाहा जाति से थी। कथाओं के अनुसार शिकार पर निकले खण्डोबा की नज़र जब

'बनायी' पर पड़ी तो वे कामासक्त हो उठे और उससे विवाह का प्रस्ताव ले कर वे उसके पिता के पास गये। अपने भावी श्वसुर को प्रसन्न करने के लिए वे कई दिनों तक एक चरवाहे के रूप में रहे और नित्य भेड़ चराने जाया करते थे। अन्ततः उन्हें सफलता मिली और बनायी से उनका विवाह हो गया। खण्डोबा के शिकार पर जाने, जंगलों में कामासक्त होकर किसी स्त्री से विवाह करने आदि के कई और प्रसंग श्रुतियों में उपलब्ध हैं। खण्डोबा का चित्रण लोक गीतों में एक पराक्रमी, वीर्यवान, लोगों के रक्षक, कामुक और उर्वर देव की तरह मिलता है। उनका यह रूप चित्रे की कविताओं में भी स्थान पाता है।

खण्डोबा का मार्तण्ड भैरव के रूप में पूजित होना लोक संस्कृति के बृहत् संस्कृति में समाविष्ट होने का एक अच्छा उदाहरण हो सकता है। यह कथा श्रीकृष्ण के बारे में प्रचलित कथाओं सी ही लगती है। श्रीकृष्ण को भी कई समाजशास्त्री एक लोकनायक के रूप में देखते हैं जो कालान्तर में बृहत् संस्कृति से जुड़कर विष्णु के अवतार के रूप में पूज्य हो गये। ये उदाहरण भारतीय समाज में लोक और बृहत् संस्कृतियों के आदान-प्रदान और उनके अन्तःसम्बन्धों पर पर्याप्त प्रकाश डालते हैं। भारत में ऐसे अनेक उदाहरण और भी हैं जब किसी बृहत् संस्कृति के तत्त्व लोक संस्कृति के रूप में लोक में अवस्थित हो गये। भारतीय समाजशास्त्रियों ने इसे Local Traditions और Greater Traditions के अन्योन्याश्रित सम्बन्धों के रूप में देखा है जो भारतीय सामाजिक संरचना के निर्माण और निर्वाह में अहम भूमिका निभाता है। खण्डोबा का लोकदेवता से मार्तण्ड भैरव में बदल जाना जहाँ एक तरफ़ एम.एन. श्रीनिवास के 'संस्कृतिकरण' (Sanskritization) की प्रक्रिया की तरह समझा जा सकता है, वहीं, इसे सवर्ण जातियों द्वारा लोक मानस पर नियन्त्रण पाने के आविष्कृत तरीके की तरह भी देखा जा सकता है। मार्तण्ड भैरव के उद्भव के साथ ही शिव और मार्तण्ड आदि की कथाओं से जुड़कर खण्डोबा अब लोकदेवता नहीं रह गये। फलस्वरूप उनकी पूजा की विधि और हिन्दू विश्व मानस में उनकी उपस्थिति का स्वरूप बदलकर शास्त्रोक्त परिपाटी का हो गया जिस पर सवर्ण जातियों का आधिपत्य था। धार्मिक प्रतीकों पर नियन्त्रण उन्हें समाज पर नियन्त्रण प्रदान करता है। और यही वजह है कि लोकदेव खण्डोबा शिव के अवतार रूप में कल्पित हुए। यहाँ एक और बात गौरतलब है। खण्डोबा हिन्दू-मुसलमान दोनों ही समुदायों में पूज्य हैं। यह पारम्परिक भारतीय समाज के विभिन्न अवयवों के अन्तःसम्बन्धों की सुन्दर व्याख्या करता है। मुसलमान उन्हें 'मल्लू खान' कहते हैं। यह भी उसी सामाजिक प्रक्रिया की तरफ़ इशारा करता है जो हिन्दू समाज में नज़र आती है। और यह भी एक वजह है कि खण्डोबा के मन्दिर का आकार मन्दिर और मस्जिद के आपसी मेल-जोल से बना आकार है। खण्डोबा की कथा, मुसलमान विश्वमानस में मल्लू खान के रूप में हुए एक उद्धारक के रूप में समादृत है। यह किसी कथा या नायक को 'अपनाये' जाने या उसके 'अनुकूलन' की प्रक्रिया में उसका नाम देशकाल सन्दर्भ और उससे जुड़े गल्प को अपने समाज के अनुकूल ढालने की प्रक्रिया है। लगभग यही प्रक्रिया पूरे भारतीय समाज में मौजूद रही है जिसके तहत हमने सदियों से यहाँ आ रहे विदेशी प्रभावों का भी अपने समाज के अनुसार अनुकूलन किया और फिर उसे अपनी संस्कृति का एक अभिन्न अंग बना लिया। इस 'अनुकूलन' (Conditioning) या 'परम्पराकृति' (Traditionalisation) की प्रक्रिया से भारतीय समाज का कोई भी अवयव अछूता नहीं रहा है। सम्भवतया अनुकूलन की यही वह प्रक्रिया है जिसने अब तक भारतीय समाज को बाह्य प्रभावों में बिखरने से रोका है। देश में आर्थिक उदारीकरण के बाद तकनीक संचालित पूँजीवाद और इससे पैदा हो रही स्थितियों के आकलन से मुझे लगता है कि महज आगामी सत्तर-अस्सी वर्षों में

भारतीय समाज अपने इस गुण को खो चुका होगा और वह पूरी तरह से 'आधुनिक' वैश्विक प्रभावों में आकर उनका भारतीयकरण अथवा परम्पराकरण करने की अपनी क्षमता को गँवा चुका होगा। राष्ट्रीय स्तर पर अपनाया गया विकास सम्बन्धी हमारा मॉडल इसमें उत्प्रेरक का काम करेगा।

बहरहाल, दिलीप चित्रे की कविता 'खण्डोबा' में लोक संस्कृति के ऐसे कई अवयव आते हैं जो सहज ही खण्डोबा का चित्र आँखों के समक्ष जीवन्त कर देता है :

पलक झपकते अपनी भेड़ों के साथ पहाड़ों के पार निकल चुका
आदिम चरवाहा
कन्धों पर कम्बल डाले
सावन के बादलों सा
***
सिन्दूर
सना पत्थर
तुम्हारे भक्तिपूर्ण नमस्कार की राह तकता है

जब वे कहते हैं 'सिन्दूर फासलेला दगड' तो सिन्दूर सना एक परिचित-सा पत्थर आँखों के आगे खेल जाता है जो आज भी हमारे गाँवों में किसी लोकदेवी-देवता, ग्रामदेवी-देवता, कुलदेवी-देवता या फिर हनुमान के रूप में पाया जाता है। उदाहरण के तौर पर बिहार के अंग प्रदेश (आज के भागलपुर और मुंगेर ज़िले) में स्थित मेरे पैतृक गाँव और ननिहाल में ऐसे कई पत्थर खेतों में, या फिर किसी वटवृक्ष की छाया में पाये जाते हैं जो सिन्दूर से सने होते हैं। ये पत्थर या तो खेतों के लोकदेव 'जखराज' के होते हैं जिन्हें खैनी, शराब और मुर्गे का प्रसाद अर्पित किया जाता है, या फिर ऐसे पत्थर 'देवी शीतला' जिन्हें दुर्गा का रूप माना जाता है, के रूप में भी पूजित होते हैं। हनुमान की मूर्ति के रूप में ऐसे सिन्दूर सने पत्थर तो देश भर में बहुतायत से मिलते हैं। लोकदेवताओं से जुड़ी लोककथाएँ, उनको अर्पित किये जाने वाले प्रसाद आदि पर विश्लेषण करते हुए हम पायेंगे कि ये देव, उनकी कथाएँ, उनको चढ़ाये जाने वाले प्रसाद, आदि उस समाज की संरचना, उसके दबाव, उसके विश्वबोध और संसार से सम्पृक्ति के उनके प्रतीक चिह्नों पर एक विस्तृत व्याख्या प्रस्तुत करते हैं। इस व्याख्या से हम सामाजिक मनोविज्ञान, मानवमन, जीवन से उसके राग-द्वेष-भय, उसकी कल्पनाएँ, व्यष्टि और समष्टि के अन्तःसम्बन्ध जैसे कई पहलुओं को उजागर कर सकते हैं। लोक मानस की यह समझ हमें आधुनिक मानस की समझ पाने में भी मदद कर सकती है। क्योंकि इस विषय पर विशेष चर्चा इस लेखन का उद्देश्य नहीं है, इसे यहीं छोड़ा जा रहा है।

तो, खण्डोबा के चित्र लोक विश्व से निकलकर दिलीप चित्रे की कविता में आते हैं और यहाँ अपना स्वरूप बदलने लगते हैं। वे एक ही साथ वह आदिम चरवाहा (मूळ धनगर), पेरिस की सर्दियों में थरथराता बेरोज़गार, एक बदले हुए देशकाल में शिव और कृष्ण भी हो जाते हैं। शिव का कृष्ण हो जाना नाथ पन्थ (शैव सम्प्रदाय) के सन्त ज्ञानेश्वर के हठ योग के बजाय भक्ति की तरफ़ झुकाव और वैष्णव वारकरी सम्प्रदाय के पुरोधा के रूप में समादृत होने की कथा से भी छाया रूप में जुड़ता है। अपने प्रभाव और स्वभाव में यह कविता जीवन के सनातन प्रश्नों के बीच आत्मबोध का उदात्त और दिलीप चित्रे की अद्‌भुत काव्य प्रतिभा का आख्यान रचती है।

इस दीर्घ कविता में कवि देह में रखा हुआ कोई व्यक्ति नहीं रह गया है। उसकी देह पिघल गयी है, गिर गयी है और वह देह से मुक्त हुआ किसी लम्बी उड़ान पर निकल गया है। वह तरल हो गया है, हवा हो गया है। उसका रूप-रंग मिट चुका है, संस्कृति और संस्कार की परतें उसके अस्तित्व से मिट चुकी हैं और वह शुद्ध चेतन, विशुद्ध निसर्ग सा अनगढ़, असंस्कृत, असभ्य, सहज, स्वाभाविक रूप में निर्बन्ध होकर उसी प्रकृति में घुल गया है जिसने इस विश्व की रचना की है। स्मृतियों की शृंखला से छिटक कर वह यहाँ-वहाँ अब-तब की स्मृतियों और अनुभवों को देश काल मिटाता हुआ इकट्ठा कर रहा है, वह समग्र जीवन को एक गाढ़े रूप में पाता हुआ निस्सीम हुआ जा रहा है जिसमें ईश्वर, मानव, स्त्री-पुरुष सब एक जगह, एक ही बिन्दु पर एकत्रित हो रहे हैं और अपने अपने शुद्ध अस्तित्व में सामाजिक चिह्नों को गिरा कर एक समताल में धड़क रहे हैं। नारी-पुरुष सम्बन्ध सहज और नैसर्गिक होकर प्रकृति-पुरुष के मूल स्वभाव में कवि को हासिल हो चुका है और यह उसके दर्शन की अन्तिम चरम चमक है। वह लहरों की तरह उमड़ता हुआ इस अनुभव से उस अनुभव तक जाता है, हर अनुभव को टटोलता और परखता है, तोड़ता चबाता है जो उसने जीवन भर किया है। यहाँ इस कविता में उसने सभी अनुभवों को किसी सूत्र में नहीं रखकर उन्हें बस बिखेर दिया है। उनकी गति, उनकी धुरी, उनकी दिशा सब वे अपनी प्रकृति के अनुसार तय करेंगे, उसी ऊर्जा से जिससे यह प्रकृति चलायमान है।

(3)

दिलीप चित्रे की प्रतिभा को, जैसा पहले भी कहा जा चुका है, पाश्चात्य दर्शन के अलावा सन्त ज्ञानेश्वर और सन्त तुकाराम ने भी एक मजबूत दार्शनिक आधार और कविता के प्रति एक नया प्रस्थान बिन्दु दिया है।

सन्त ज्ञानदेव (ज्ञानेश्वर, ज्ञानोबा) के जीवन काल के प्रामाणिक ऐतिहासिक साक्ष्य उपलब्ध नहीं हैं। लेकिन उनका काव्य, उनके जीवन से जुड़ी लोक कथाएँ, सन्त नामदेव रचित श्री ज्ञानदेव समाधि वर्णनम् में उनकी जीवन्त समाधि की घटना और लोक गीतों में मौजूद उनसे जुड़ी घटनाओं और उनके प्रति सम्बोधित भावों के आधार पर विद्वानों ने उनका जीवन चरित पुनर्गठित किया है। उनका जन्म महाराष्ट्र में सन 1273-75 ई. के आसपास माना जाता है। ऐसी मान्यता भी है कि महज 22 वर्ष की उम्र में ही ज्ञानदेव ने पूर्णत्व प्राप्ति के बाद जीवन्त समाधि ले लिया था। भक्ति साहित्य और मराठी लोक वाङ्मय में इसके अनेक साक्ष्य उपलब्ध हैं। ज्ञानदेव के पिता श्री विट्ठल पन्त व नाथ पन्थ के सिद्ध गुरु गहिनीनाथ के शिष्य थे और विवाहोपरान्त उन्होंने संन्यास ले लिया था। संन्यास के कुछ वर्ष बाद अपने गुरु के आदेश पर वे पुनः गृहस्थ जीवन में लौट आये। कालान्तर में उनकी चार सन्ताने हुई—निवृत्तिनाथ, ज्ञानदेव, सोपानदेव और मुक्ताबाई। ये चारों सन्तानें भविष्य में महान सन्तों के रूप में समादृत हुईं और चारों ने ही अलग-अलग समय पर जीवन्त समाधि का वरण किया। इस बीच, क्योंकि विट्ठल पन्त संन्यास वरण करके उसका त्याग कर पुनः गृहस्थ जीवन में लौट आये थे, उनके ब्राह्मण समाज ने उनका बहिष्कार कर दिया। उस समाज में यह धर्म विरुद्ध था कि कोई संन्यास लेने के बाद पुनः वैवाहिक जीवन में लौट आये। संन्यास लेने का अर्थ था सामाजिक मृत्यु। जो व्यक्ति सामाजिक रूप से मृत हो चुका है, वह पुनः समाज में, कैसे लौट सकता है, सामाजिक जीवन कैसे प्राप्त कर सकता है? इस सामाजिक बहिष्कार से दुखी होकर उन्होंने उन्हीं ब्राह्मणों से इस 'पाप' का निदान पूछा। निदान यही था कि वे अपने 'धर्म पतित' जीवन का अन्त कर दें। फलतः

विट्ठल पन्त ने डूब कर अपने जीवन का अन्त कर दिया। इससे व्यथित उनकी पत्नी ने भी पति की ही तरह अपना जीवन भी त्याग दिया। अल्पायु में ही चारों भाई बहन अनाथ हो गये। बाल्यकाल में ही चारों सन्तानों में सबसे बड़े निवृत्तिनाथ को गहिनीनाथ ने, जो उनके पिता विट्ठल पन्त के भी गुरु थे, शक्तिपात द्वारा नाथ पन्थ में दीक्षित किया। कुछ ही समय बाद निवृत्तिनाथ एक सिद्ध योगी हो गये। निवृत्तिनाथ ने अपने अनुज ज्ञानदेव को भी शक्तिपात द्वारा दीक्षित किया और ज्ञानदेव अपने बड़े भाई के शिष्य रूप में स्थापित हुए।

माता-पिता द्वारा प्रायश्चित्त स्वरूप जीवन का त्याग भी इन चारों भाई-बहनों को ब्राह्मण समाज में वह स्थान ना दिला सका और वे भी उस समाज में बहिष्कृत से ही रहे। ऐसी कथा है कि जब वे ब्राह्मणों से सामाजिक मान्यता प्राप्त करने गये तो उन्हें अपमानित होना पड़ा। फलस्वरूप ज्ञानदेव ने वहाँ से गुज़र रही एक भैंस के मुँह से ऋग्वेद के मन्त्रों का पाठ करवा कर उन सभी ब्राह्मणों को चमत्कृत कर दिया।

सन्त ज्ञानेश्वर नाथ सम्प्रदाय के सिद्धों द्वारा दीक्षित हुए थे। भारत में, विशेषतः महाराष्ट्र, दक्षिण भारत के दक्खिनी पठारी इलाकों और पूर्वी भारत के कुछ हिस्सों में नाथ पन्थ का बहुत बोलबाला रहा है। नाथ पन्थ के सन्त शैव मतानुयायी सिद्ध योगी थे जिनकी साधना का आरम्भ गुरु द्वारा शक्तिपात प्राप्त करने से होता था। यह परम्परा आज क्षीण रूप में ही सही, लेकिन कायम है। शक्तिपात दीक्षा उसी साधक को दी जाती है जो इसे प्राप्त करने के लायक हो चुका है। शक्तिपात द्वारा गुरु अपनी शक्ति शिष्य में प्रवाहित कर उसकी कुण्डलिनी शक्ति को जाग्रत कर देता है। शक्तिपात के क्षणों में शिष्य को दिव्य प्रतीति होती है और उसे अपने मूल स्वरूप की पहली झाँकी प्राप्त होती है। दीक्षित होने के बाद शिष्य की पूरी साधना ही कुण्डलिनी शक्ति को जाग्रत कर उसे मूलाधार चक्र से उर्ध्वगमित कर शरीर में अवस्थित सात चक्रों, यथा, मूलाधार, स्वाधिष्ठान, मणिपूर, अनाहत, विशुद्ध, आज्ञा और सहस्रार, का भेदन करते हुए सिर में स्थित सहस्रार चक्र (सहस्र दल कमल के आकार का) में समाहित और वहीं उसे अवस्थित करने की तरफ़ प्रेरित होती है। यह एक जटिल यौगिक प्रक्रिया है और इसे किसी सिद्ध गुरु के मार्गदर्शन में ही पूरा किया जा सकता है। कुण्डलिनी शक्ति के सहस्रार में स्थिर होते ही साधक को शिवत्व की प्रत्यक्ष अनुभूति होती है और वह 'शिवोहं' भाव में लीन हो जाता है। यह परम आनन्द की अवस्था और मोक्ष है। ऐसी अवस्था में साधक जीवन मुक्त हो भव बन्धन से उबर कर अपने शाश्वत स्वरूप में, जो शिव है, सदा के लिए अवस्थित हो जाता है। नाथ पन्थ की मान्यताएँ कश्मीरी शैव दर्शन से भिन्न नहीं हैं।

कश्मीरी शैव दर्शन शिव सूत्र से उदित होता है। अन्य आगमों की तरह ही शिव सूत्र का भी एक मिथकीय आविर्भाव माना गया है। मान्यता के अनुसार शिव सूत्र सम्भवतया आठवीं शताब्दी के अन्त या नवमी शताब्दी के पूर्वार्द्ध में वसुगुप्त पर प्रकट हुए थे। कल्लट के अनुसार ख़ुद शिव ने उनके गुरु वसुगुप्त को शिव सूत्र का ज्ञान दिया था। सत्य की मीमांसा जो शिव सूत्र के माध्यम से प्रकट हुई है और जिसके अनुसार शिव ही एकमात्र परम चैतन्य है जिससे हर कुछ उदित होकर उसी में अस्त होता है, चार शताब्दी बाद महाराष्ट्र के नाथ पन्थ में भी उसी प्रबलता से व्यक्त और प्रतिपादित हुई है। यह दर्शन सन्त ज्ञानेश्वर की 'अनुभवामृत' में बहुत प्रखर और उदात्त कवित्व के साथ प्रकट हुआ है। 'अनुभवामृत' का दिलीप चित्रे की कविताओं पर गहरा असर हुआ है।

दिलीप चित्रे ने पहली बार 'अनुभवामृत' को 1956 में पढ़ा जब वे 18 वर्ष के थे। वे बताते हैं कि तब तक उन्होंने ज्ञानेश्वर की ज्ञानेश्वरी और अन्य कुछ और छोटी रचनाओं को पढ़ रखा था

और ज्ञानेश्वरी से वे अति प्रभावित भी हुए थे। उस समय तक उनमें यह धारणा प्रबल हो चुकी थी कि ज्ञानेश्वर, जो एक दार्शनिक, रहस्यवादी और सन्त थे, एक ऐसी काव्य प्रतिभा के धनी थे जो सम्पूर्ण विश्व में बेजोड़ थी। लगभग उन्हीं दिनों उन्होंने तय कर लिया था कि सन्त ज्ञानेश्वर की 'अनुभवामृत' का अनुवाद अंग्रेज़ी में करेंगे। लेकिन तब वे नहीं जानते थे कि वे ख़ुद को उम्र भर चलने वाली एक खोज में झोंक रहे हैं। 'अनुभवामृत' को पूरी तरह समझ पाना, उसके कथ्य के मर्म में धँस पाना, उसका अर्थ सार ग्रहण कर पाना यह एक जटिल प्रक्रिया थी जिसके लिए उन्होंने बार-बार इसका अध्ययन किया, 'अनुभवामृत' पर उपलब्ध सभी भाष्यों का अध्ययन किया, कश्मीरी शैव दर्शन का पारायण किया। वे लिखते हैं कि 13वीं शताब्दी की मराठी भाषा आधुनिक मराठी भाषा से बहुत ही अलग है। कई बार तो पहचाने शब्द सतही तौर पर वही अर्थ रखते नज़र आते हैं जिस तरह हम आज उन्हें जानते हैं। लेकिन थोड़ा गौर से पढ़ने पर उनके अर्थ बिल्कुल ही अलग लगने लगते हैं। इस वजह से हर एक शब्द की उत्पत्ति और उससे जुड़े अर्थ को उसके निहित सन्दर्भों में समझना बहुत आवश्यक हो गया था। यह एक जटिल काम था जिसमें बहुत से शब्दकोश भी असहाय लगने लगे थे। इसके अलावा, 'अनुभवामृत' का पहला लिखित रूप 16वीं शताब्दी से उपलब्ध हुआ है। 'ज्ञानेश्वरी' के मूल स्वरूप और तीन शताब्दी बाद उसके उपलब्ध लिखित रूप में भी भाषा और सृजनात्मकता के आधार पर काफ़ी अन्तर आ गया होगा। उस ज़माने की भाषा को पहले आज की मराठी के समतुल्य लाने में, एक-एक शब्द के शोध में उन्हें वर्षों लगे और चालीस साल की कड़ी मेहनत के बाद उन्होंने 'अनुभवामृत' के अपने उस अनुवाद को अन्तिम रूप दिया जो 'Anubhawamrut : An Immortal Experience of Being' के रूप में 1996 में साहित्य अकादेमी से प्रकाशित हुआ।

'अनुभवामृत' सन्त ज्ञानेश्वर की दूसरी रचना है। उनकी पहली रचना 'ज्ञानेश्वरी' तब सम्भव हुई थी जब वे महज 16 वर्ष की आयु के थे। ज्ञानेश्वरी श्रीमद्‍भगवद्‍गीता पर सन्त ज्ञानेश्वर की 18 अध्यायों में की गयी काव्य व्याख्या है जिसमें चार-चार पंक्तियों की 9000 ओवी (मराठी काव्य में प्रयोग में आने वाले छन्द का ही एक प्रकार) हैं। महत्त्वपूर्ण बात यह है कि यह व्याख्या रूप काव्य मराठी भाषा में है। यह एक सायास यत्न था कि इस 'ईश्वर के गीत' को अति संश्लिष्ट और परिमार्जित संस्कृत भाषा से, जिस पर सिर्फ़ ब्राह्मणों का नियन्त्रण था, निकाल कर लोक भाषा में लोक सुलभ कराया जाये। यह एक ही साथ ज्ञान, भक्ति और भाषा का लोकतन्त्र रचने का प्रयास था जो सत्य सम्बन्धित गूढ़ चिन्तन को ब्राह्मणों और अभिजात के नियन्त्रण से निकाल कर वर्ण, जाति और लिंग के विभाजनों को अस्वीकार करते हुए जन-जन तक पहुँचाने का माध्यम बना। वह भी तब, जब उस जन भाषा का कोई साहित्यिक अस्तित्व नहीं था। इससे ज्ञान के वे सीमान्त भी खुल गये जो तब तक ब्राह्मणों के अलावा स्त्रियों और अन्य जातियों के लिए वर्जित थे। और इसका मुख्य कारण था कि वेद-उपनिषद आदि शास्त्रों की रचना 'देव भाषा' संस्कृत में हुई थी जिस पर सिर्फ़ ब्राह्मणों का नियन्त्रण हुआ करता था। प्रवचन करना समकालीन श्रोताओं का निर्माण करता है जब कि लिखित पाठ भविष्य के पाठकों तक पीढ़ी दर पीढ़ी पहुँच कर एक नये और विस्तृत क्षितिज का निर्माण करता है। यह बोली गयी भाषा के मर्त्य रूप को लिखी हुई भाषा के अमर्त्य रूप में रूपान्तरित करता है। सन्त ज्ञानेश्वर का लोक भाषा में काव्य रचने का यह संकल्प मराठी साहित्य के बीज बोने का ऐसा ही प्रयास था। यह काव्य सिर्फ़ इसलिए ही महत्त्वपूर्ण नहीं है कि इसमें जिस भाषा का प्रयोग किया गया है, वह तब साहित्य के रूप में बिल्कुल नयी थी बल्कि

इसलिए भी कि इसी नयी भाषा में काव्य की अद्भुत सम्भावनाओं और अर्थों का विस्तार कर कवि ने उसे नयी शक्ति और वह अर्थवत्ता प्रदान की जो आज भी मराठी साहित्य का पोषण कर रही है। 'अनुभवामृत' सम्भवतया 'ज्ञानेश्वरी' के बाद रचा गया था और सम्भवतया इसका रचना काल सन् 1296 में सन्त ज्ञानेश्वर द्वारा 22 वर्ष की आयु में पुणे के पास स्थित आलन्दी में ली गयी संजीवन समाधि के ठीक पहले का है। ज्ञानेश्वर की इस जीवन्त समाधि का वर्णन सन्त नामदेव रचित 'श्री ज्ञानदेव समाधी वर्णनम' में मिलता है। सन्त नामदेव ज्ञानेश्वर के समकालीन तो थे ही उनके सहयोगी, साथी और शिष्य भी थे। मान्यताओं के अनुसार वे सन्त ज्ञानदेव द्वारा ली गयी जीवन्त समाधि के प्रत्यक्षदर्शी भी थे। कुछ विद्वान इससे सहमत नहीं हैं क्योंकि उनके अनुसार सन्त नामदेव का जन्म 1306 ई. में हुआ था जो ज्ञानदेव की समाधि के 10 वर्ष बाद का समय है। नामदेव ने सन्त ज्ञानेश्वर की समाधि के बाद उनके दो भाई और बहन, क्रमशः, निवृत्तिनाथ, सोपानदेव और मुक्ताबाई के भी समाधि लेने का वर्णन किया है।

भारत के उत्तर में स्थित कश्मीर में 8वीं-9वीं शताब्दी में कश्मीरी शैव दर्शन के आविर्भाव का असर भारत के दक्षिण पश्चिम इलाकों में चार शताब्दी बाद कैसे पहुँचा, इस पर कोई ऐतिहासिक साक्ष्य मौजूद नहीं है। इसे एक तरफ़ वर्षों तक होने वाले सन्तों और लोगों के आवागमन से जोड़ कर देखा जा सकता है, वहीं दूसरी तरफ़ कुछ नाथ मतानुयायियों के अनुसार, यह उसी परम सत्य तक पहुँचने की बात है, जिस तक कश्मीरी सन्त अपने ढंग से पहुँचे और नाथ सिद्ध अपनी तरह से। क्योंकि सत्य एक ही है और सिर्फ़ वही है, इसीलिए जब भी कोई सत्य की बात करेगा वह वही कहेगा जो विश्व में कहीं भी उस सत्य तक पहुँचा हुआ कोई भी व्यक्ति करेगा। इसलिए, इसे दो अलग-अलग देशकाल में हुए स्वाधीन शोध की तरह ही देखा जाना चाहिए। नाथ पन्थ के अनुसार, यह ज्ञान मत्स्येन्द्रनाथ को तब मिला जब वे मत्स्य रूप में उस ताल में तैर रहे थे जिसके पास आदि गुरु शिव आदि शिष्या पार्वती को परम सत्य का ज्ञान दे रहे थे। कथाओं के अनुसार मत्स्येन्द्रनाथ ने मत्स्य रूप में रहते हुए उस ज्ञान को सुना और उसे आत्मसात कर लिया। उनके द्वारा यह ज्ञान उनके अनुयायियों तक पहुँचा और फिर यही नाथ पन्थ के लिए परम ज्ञान का स्रोत बना।

सन्त ज्ञानदेव नाथ सिद्ध थे जिन्हें अपने बड़े भाई निवृत्तिनाथ से दीक्षा प्राप्त हुई थी। निवृत्तिनाथ को गहिनीनाथ से दीक्षा मिली थी जो खुद उस आध्यात्मिक परम्परा के थे जिसका प्रादुर्भाव गोरखनाथ से हुआ माना जाता है।

लेकिन अपने चिन्तन और स्वभाव में कश्मीरी शैव मत और नाथ शैव मत समान हैं। नाथ सिद्धों द्वारा प्रतिपादित ज्ञान 'अनुभवामृत' में काव्य रूप में प्रकट हुआ है। यह ज्ञान ब्रह्माण्ड को एक चैतन्य ऊर्जा की तरह देखता है जो शाश्वत, स्वतन्त्र और सृजनशील है। वह अपनी इच्छा से प्रेरित होता है और उसी के आनन्द में सृजनशील होता है। यह सृष्टि उसी चैतन्य का खेल है, विलास है, उसका 'चिद्विलास' है। आधुनिक युग में Quantum Physics के तथा अन्य कई विषयों के विद्वान इसे 'Nature', 'Cosmic Intelligence', 'Cosmic Consciousness' आदि नामों से सम्बोधित करते हैं। इन मान्यताओं के अनुसार भी एक विस्फोट (Big Bang) से ही ब्रह्माण्ड की उत्पत्ति हुई है और उसका विकास एवं संचालन ऊर्जा से होता है, ऐसी ऊर्जा जो 'intelligent' है, चैतन्य है। सभी पदार्थ के मूल में अणु परमाणु के बाद भी यदि कुछ है तो वह है एक धड़कती हुई ऊर्जा। कुछ लोग इसे उसी ब्रह्माण्डीय ऊर्जा से जोड़ कर देखते हैं जो चैतन्य है और समस्त सृष्टि को चला रही है। इस विषय पर अभी कई विवाद हैं तथा सृष्टि के मूल में क्या है, इस बात पर आधुनिक विज्ञान अभी

किसी निष्कर्ष पर नहीं पहुँच पाया है। यहाँ तक कि 'Big Bang' के सिद्धान्त पर भी वैज्ञानिकों में मतभेद है। अतः 'चैतन्यम आत्मा' के शिव सूत्र के पहले सिद्धान्त को अभी भी एक धार्मिक दर्शन ही माना जता है जिसे कल्पना और मिथक के वर्ग में रखा जाता है।

विषय पर लौटते हैं। शैव मत ने एक और एकमात्र परम चैतन्य की धारणा को प्रतिपादित किया जिसे 'शिव' की संज्ञा दी गयी। शिव एक समाधिस्थ चैतन्य है। वह निष्कम्प चेतना है। आत्मावलोकन की प्रेरणा से उसकी चेतना उसमें शक्ति को जन्म देती है जो शिव को उसके समाधिस्थ संकुचन की अवस्था से निकाल कर उसका प्रसार करने लगती है और इसी तरह सृष्टि का सृजन होता है। सन्त गोरखनाथ के अनुसार, "प्रसारम भाषयेत शक्तिः संकोचम भाषयेत शिवः।" यह सृष्टि शिव और शक्ति के योग से बनती और प्रसार पाती है। शिव अकल्पनीय आयामों का शाश्वत आत्म है। शिव निष्कम्प चेतना है जिसका प्रसार शक्ति द्वारा होता है। शक्ति प्रसार में व्यक्त होती है और शिव संकुचन में। प्रसार 'उन्मेष' तथा संकुचन 'निमेष' है। प्रसार और संकुचन का यह चक्र 'स्पन्द' कहलाता है। शिव और शक्ति के इस उन्मेष और निमेष को ज्ञानेश्वर ने एक अपृथक्, अविभाज्य देह के रूप में वर्णित किया है जो बेतहाशा, बेसुध, बेलगाम मैथुन में निरन्तर मग्न है। यह एक शाश्वत मैथुन है। इस शास्वत मैथुन के अविरत वेग की तीव्रता में प्रेमी एक-दूसरे को निगलते उगलते रहते हैं। यह क्रिया अनादि अनन्त और शाश्वत है। यही वह धड़कता हुआ अनादि स्पन्दन है जो सृष्टि का निर्माण, प्रसार और विध्वंस करता रहता है। शिव और शक्ति एक-दूसरे से अलग नहीं वरन् एक ही देह हैं। शिव निष्कम्प है जिसमें सृष्टि की इच्छा उसमें निहित शक्ति को उभार देती है और शक्ति धड़धड़ाती हुई शिव का प्रसार कर उठती है। परम चेतना (परम चैतन्य) इस तरह अपनी सृजनात्मक ऊर्जा का विस्तार पाते हुए आनन्दित होती है। यही आनन्द सृष्टि का मूल स्वभाव है। अतः सृष्टि के अन्य घटकों की तरह ही यह मनुष्य का भी मूल स्वभाव है। यही कारण है कि मनुष्य हमेशा आनन्द की तरफ़ जाना चाहता है, आनन्द की खोज में रहता है, जो उसका मूल स्वभाव है। इस परम आनन्द का परम बोध उसे प्राप्त होते ही इस बात की अनुभूति होने लगती कि वह भी शिव है; वह शिव ही है, अन्य कुछ भी नहीं।

शक्ति से स्पन्दित शिव के प्रसार में, प्रसार के आनन्द में, शिव अलग-अलग तत्त्व, द्रव्य और रूप ग्रहण करता चला जाता है, जिसके अणु, परमाणु रूप के बाद भी वह ऊर्जा रूप में हर अणु, हर परमाणु और उसके बाद की हर अवस्था में मौजूद रहता है। प्रसार के इच्छित चरम पर पहुँच कर शिव ख़ुद को ख़ुद में समेट लेता है, संकुचन की तरफ़ प्रेरित होता है और शक्ति को समेट लेता है और तब शिव सिर्फ़ चैतन्य रूप में रह जाता है। सृष्टि का लोप हो जाता है। इस आधार पर यह कहा जाता है कि शिव में शक्ति, शक्ति में शिव है। शक्ति में निहित शिव में भी शक्ति है और उस शक्ति में भी शिव है। दोनों अपृथक् हैं, एक-दूसरे में कुछ इस तरह अवस्थित हैं कि उन्हें अलग नहीं किया जा सकता। वे दो नहीं हैं, एक हैं, उनमें अद्वैत है। यही 'शिवाद्वैत' है। अतः यह सृष्टि शिव यानि परम चैतन्य का आनन्द है, उसकी क्रीड़ा है। इसीलिए समस्त सृजन को चिद्विलास भी कहते हैं। यह शिव के विलास का, उसकी इच्छा और आनन्द का प्रतिफलन है। सृष्टि मात्र शिव है, आनन्द है। सब कुछ केवल और केवल शिव है। यही अद्वैत है, चरम और परम सत्य है। शिव से परे कुछ भी नहीं, उसके बाद कुछ भी नहीं है। यह 'कुछ नहीं' भी शिव ही है। यही 'अनुत्तर' है। शिवाद्वय के इस अपृथक् अविभाज्य रूप को मैथुन रत अवस्था में भाषित करते हुए ज्ञानेश्वर ने अद्भुत काव्य सृष्टि की है जिसमें शृंगार, अद्भुत, रौद्र और शान्त रसों का प्रगल्भ संयोजन हुआ है। इस सम्पूर्ण अनुभव के सत्-चित्-आनन्द, सच्चिदानन्द को उन्होंने 'अनुभवामृत' का नाम दिया है।

'अनुभवामृत' पर अंग्रेज़ी में लिखे अपने एक अप्रकाशित और अधूरे लेख में दिलीप चित्रे के अनुसार, "अनुभवामृत की पहली 64 ओवी 'शिवाद्वय' की काम-रत धारणा पर केन्द्रित है जिसमें ईश्वर को मनुष्य देह में दर्शाया गया है, एक ऐसी देह जिसमें स्त्री-पुरुष एक ही साथ हैं, अलग नहीं। यह देह लगातार दोलन की अवस्था में है जिसमें देह का एक हिस्सा दूसरे पर हावी होने को उद्धत रहता है। ज्ञानदेव ने यहाँ बेसुध, बेकाबू, बेतहाशा और तीव्र गति से चल रहे अनन्त मैथुन के रूपक का प्रयोग किया है जो यदि दिव्य और अनादि सन्दर्भों में नहीं होता तो यह मर्यादाओं का जघन्य उल्लंघन होता। 'अनुभवामृत' की शुरुआती ओवी को यौनिक क्रियाओं का, जिसमें तमाम काम केलियाँ, मुख मैथुन और लैंगिक मैथुन आदि समाहित हैं, निर्भीक (निर्लज्ज भी) वर्णन कहना अतिशयोक्ति नहीं होगी। काम-रत यह युगल कई बार कामोत्कर्ष (orgasm) का अनुभव करता है पर पृथक् नहीं होता। वह शाश्वत रूप से आपस में गुँथा रहता है। ऐसा करते हुए ज्ञानदेव दरअसल कश्मीरी शैव दर्शन के पहले सिद्धान्त को प्रतिपादित करते हैं जिसके अनुसार शिव और शक्ति अविभाजित-अपृथक् हैं और लगातार अन्तःक्रिया-मग्न रहते हैं। शिव सूत्र का पहला सूत्र है : 'चैतन्यम आत्मा' जिसमें चेतना शक्ति और आत्मा शिव है। प्रथम स्पन्दकारिका के अनुसार शिव को 'शक्तिचक्रविभवप्रभावम्' की तरह वर्णित किया गया है। ज्ञानदेव 'चैतन्य' की व्याख्या शक्ति या प्रेयसी के रूप में और 'आत्मा' की प्रेमी या शिव के रूप में करते हैं। इच्छा के धड़धड़ाते वेग को वे 'शिव की इच्छा' और उसके 'स्वातन्त्र्य' के रूप में व्याख्यायित करते हैं। 'अनुभवामृत' की 29-31 ओवी में ज्ञानेश्वर 'शक्तिचक्रविभवप्रभावम्' की व्याख्या करते हैं जिसका सार है कि शक्ति अपने स्वामी को अपनी देह में धारण करती है और उसी से सहज आनन्द के वेग में फूटती है। इस बात से लज्जित कि उसका स्वामी कहीं नज़र नहीं आता वह सृष्टि को उसके अलग-अलग नामों और उसके अलग-अलग रूपों में आभूषण स्वरूप धारण कर लेती है। अपने मिलन को सीमित पा कर वह अपनी कामनाओं का राग और उमंग से अपनी प्रचुरता में उत्सव करती है। (**दिलीप चित्रे के अंग्रेज़ी में काव्यानुवाद "Anubhavamrut, The Immortal Experience of Being", pg. 28 पर आधारित**)।

शंकर (समकर) प्रकाश का आदिम स्पन्द है जिससे तरंग रूप में प्रवाहित शक्ति ऊर्जा के अनगिन रूपों का तेज बुनती प्रसारित होती है। शक्ति शिव का अनवरत प्रस्फुटन है और यही 'आदिस्पन्द' का मूल रूप है। अपने अनादि निस्पन्द रूप के अतल से शिव में आत्मावलोकन की इच्छा प्रेरित होती है। शिवात्म एक ही साथ वस्तु भी बन जाता है और ख़ुद उसका साक्षी भी हो जाता है। यहीं से उस दिव्य कामेक्षा का उद्भव होता है और शक्ति शिव का प्रसार करने लगती है। शिव विविध रूप धारण करने लगता है। ये सभी रूप शिव के आत्म का ही प्रक्षेप हैं। ये प्रक्षेप शिव का 'उन्मेष' हैं शक्ति जिसका 'विमर्श' है। अपने 'आत्म' से बेसुध शिव शक्ति को अपने अस्तित्व के छोर तक ले जाना चाहता है लेकिन शिव का कोई छोर नहीं है, इसकी भिज्ञता आते ही कि सब कुछ अनन्त शिव है, शिव ख़ुद को ख़ुद में समेट लेता है और अनादि चैतन्य के स्पन्द में संकुचित हो जाता है। ज्ञानेश्वर इस 'निमिषोन्मेष' को शिव-शक्ति की दो ध्रुवीय अनवरतता के रूप में वर्णित करते हैं जो प्रबल काम के आवेग में संलिप्त होकर सृष्टि को आकार दे रहा है। ऐसा करते हुए वे वास्तव में बताते हैं कि भक्ति और भक्त एक ही हैं। भक्त शिव है और भक्ति शक्ति है। इस तरह भक्त ही भक्ति भी है। शिव और शक्ति सब उसी परम चैतन्य शिव के रूप हैं। यह अनवरत प्रेमानन्द ही सृष्टि का स्वरूप है और यही भक्त और भक्ति का, शिव और शक्ति का अद्वैत है।

यही है 'शिवोहम्' और यही है 'प्रत्यभिज्ञता'। यही है वह 'सामरस्यता' जो प्रेमी एक-दूसरे को पाते हुए अपने अहं को विलीन करते हुए परम आनन्द की अवस्था में पाते हैं।

इस दर्शन के अनुसार शिव ही सम्पूर्ण सृष्टि है और इस सृष्टि का हर एक अवयव 'स्पन्द' से जुड़ा हुआ है। स्पंद से परे कुछ भी नहीं है। शिव शक्ति को शाश्वत प्रेम में रमे एक अविभाज्य शरीर की तरह कल्पित करते हुए ज्ञानेश्वर ने स्पन्द को उनके शाश्वत मैथुन के रूप में रूपायित किया है। उनकी दृष्टि में (यह शैव दर्शन से ही प्रभावित दृष्टि है) सृष्टि उस दिव्य प्रेम और विलास की लगातार बदलती, अनगिनत रूप लेती सृजनात्मक आत्माभिव्यक्ति है। यही 'चिद्विलास' है, 'समकर' की वह अवस्था है जो 'जीवनमुक्त' प्राप्त करता है। ईश्वर प्रेम है और प्रेम से परे कुछ भी नहीं। भक्ति उसी प्रेम के पूर्णत्व की प्राप्ति है।

प्रेम का यह पूर्ण विश्व ही कविता और कला की पूर्ण शिव-स्वरूप अभिव्यक्ति है। ज्ञानदेव के लिए यह पूरी सृष्टि शिव का चिद्विलास है, और कविता का उत्कृष्टतम स्वरूप भी चिद्विलास ही है। इसे यूँ भी व्याख्यायित किया जा सकता है कि सृजन के क्षण में कवि भी उसी सर्वव्यापी शाश्वत चैतन्य से आत्मा के स्तर पर सामरस्य की अवस्था में आ जाता है। वही 'आदि स्पन्द' और वही चैतन्य कविता के सृजन का आधार है। अतः जिस कविता ने उस 'आदि स्पन्द' को छू लिया वह उस चिद्विलास से एकीकृत हो जाती है। ज्ञानेश्वर ने कविता को उसी 'समकरी विद्या' या 'शंकरी विद्या' के चरम स्थल तक पहुँचा कर कविता को चिद्विलास के रूप में प्राप्त कर लिया।

इसकी समझ ही हमें सन्त ज्ञानदेव और सन्त तुकाराम की कविताओं के मर्म तक पहुँचा सकती है। यही वह प्रस्थान बिन्दु या नाभि स्थल है जहाँ से परवर्ती मराठी कविता का उद्‍गम स्थल सृजित होता है। इस लिहाज़ से, 'अनुभवामृत' न केवल शिवानुभूति या आत्म साक्षात्कार पर आधारित काव्य है, बल्कि अपने कवित्व के उद्दाम शिखर पर गूँजता, आने वाले समय की मराठी कविताओं का आधार भी है। 'अनुभवामृत' पर लिखे अपने लेख में दिलीप चित्रे 'उन्मेष', 'निमेष' और 'आदि स्पन्द' की अवधारणाओं पर ज्ञानेश्वर के बिम्बों पर लिखते हुए व्यक्त करते हैं कि यह शिव यानि 'आदि पिता' और शक्ति यानि 'आदि माता' के बीच लगातार चलने वाला एक ऐसा मैथुन है जिसमें शिव और शक्ति के दो ध्रुव तीव्र मन्थन में संलग्न हैं और यह तीव्रता इतनी है कि कब कौन किस पर हावी हो रहा है, कौन शिव है, कौन शक्ति यह तय कर पाना असम्भव है। इसे यदि हम, वस्तुनिष्ठ होकर, इससे ख़ुद को अलग मान कर इसे देखना और समझना चाहें तो हम निष्फल ही होंगे और शिव-शक्ति से अलग ख़ुद को देख पाने का हमारा स्वाँग भी ध्वस्त हो जायेगा। हमारा आदिम अहंकार उस असीम अछोर अनादि ऊर्जा की उस स्वतः उद्‍भूत सृजनात्मकता में, जो कभी अपने को दोहराता नहीं है, घुल कर विलीन हो जायेगा। यह असीम है और अवर्णनीय है। कामोत्कर्ष (Orgasm) का तरंगित आवेग अनन्त तक उमड़ता हुआ अपनी रौ में समय और अवकाश के छद्म को ध्वस्त करता हुआ, विभाजित आयामों को तोड़ता अपने बेग में धड़धाता आत्म के सीमित बोध का अतिक्रमण करता हुआ सामरस्य के बोध का सृजन करता है। यही आत्म साक्षात्कार है। दिलीप चित्रे आगे लिखते हैं कि आत्म साक्षात्कार चिर नवीन और आह्लादकारी अनुभूति देता है।

दिलीप चित्रे की कविताओं में धँसने का यह एक महत्त्वपूर्ण बिन्दु है। प्रायः समीक्षकों और आलोचकों ने दिलीप चित्रे की कविताओं में अस्तित्ववादी रुझान की ओर इशारा किया है। लेकिन, जैसा कि मैंने पहले भी कहा है, दिलीप चित्रे के अस्तित्ववाद को सिर्फ़ एक पाश्चात्य दृष्टिकोण से

उगा अस्तित्ववाद नहीं कहा जा सकता। अस्तित्व के उनके शोध में सन्त ज्ञानेश्वर के शैव दर्शन का बहुत बड़ा योगदान है। व्यक्ति, व्यक्ति नहीं होकर, एक अलग-थलग इकाई नहीं होकर, समस्त ब्रह्माण्ड से जुड़ा हुआ है, वह खुद ही शिव है और सृष्टि का एक अनन्त, अमर्त्य अविभाज्य अंश है, यह धारणा उनके अस्तित्ववाद को पाश्चात्य अस्तित्ववाद से अलग कर देती है। इस अनुभूति के कई साक्ष्य उनकी कविताओं में मौजूद हैं जब देह की सतह पर हो रहे अनुभव की तीव्रता में वे देशकाल की सीमाओं का अतिक्रमण करके किसी निस्सीम अनुभव में रमने लगते हैं। यही वह मनोभूमि है जहाँ से उनकी काव्य चेतना का उदय होता है और जो पश्चिम और पूर्व के मिश्रित सामंजस्य से बना है।

एक शैव मतानुयायी नाथ पन्थ के सन्त ज्ञानदेव हठ योग और कठिन सिद्धियों से अधिक भक्ति की तरफ़ झुकाव दिखाते हैं। सम्भवतया इसलिए भी कि नाथ सिद्धों की साधना बहुत कठिन होती थी और यह सांसारिक आम मनुष्यों के लिए सम्भव नहीं था कि वे इस मार्ग से आत्म साक्षात्कार के परम ज्ञान को प्राप्त कर सकें। उनके लिए भक्ति का ही मार्ग सहज और श्रेयस्कर था। पूर्ण भक्ति पूर्ण ज्ञान में बदल जाती है और पूर्ण ज्ञान पूर्ण भक्ति में। पूर्णत्व का यह वह बिन्दु है जहाँ योग, तन्त्र, और भक्ति मिलकर एक हो जाते हैं, उनमें द्वैत नहीं रहता। शायद इसलिए भी उन्होंने वही बताया जो जन साधारण के लिए सुलभ सहज था और जो उन्हीं की भाषा में था। यह ईश्वर का जनतन्त्र था जो वे सिरज रहे थे। ईश्वर प्राप्ति के लिए किसी ब्राह्मण 'एजेण्ट' की आवश्यकता नहीं है, किसी कर्मकाण्ड की ज़रूरत नहीं, संन्यास और कठिन साधना की भी नहीं। ईश्वर तो पूर्ण प्रेम है। उससे प्रेम कर के उसे पाया जा सकता है, उसे अपने ही भीतर मौजूद पाया जा सकता है, यहाँ तक कि इस सत्य से भी साक्षात्कार किया जा सकता है कि व्यक्ति खुद ही ईश्वर है। सिर्फ़ व्यक्ति ही क्यों, सृष्टि का हर एक कण, उसकी हर एक बनावट, सब कुछ ईश्वर है। सिर्फ़ शुभ वचन या प्रार्थना ही ईश्वर नहीं है, गाली भी ईश्वर है, अशुभ भी ईश्वर है, कुटिल भी ईश्वर है। ऐसा कुछ भी नहीं जो ईश्वर नहीं है, शिव नहीं है।

नाथ पन्थ में दीक्षित ज्ञानदेव योग, सिद्धि और हठ की नहीं, प्रेम और भक्ति की बात करते हैं। प्रेम और भक्ति से ईश्वर प्रत्यभिज्ञता जन सुलभ हो सकती है तथा इसे कोई भी प्राप्त कर सकता है। यह आग्रह उन्हें नाथ पन्थ की निर्धारित धारा से अलग कर देता है और वैष्णव दर्शन में प्रतिपाद्य भक्ति से जोड़ देता है। सम्भवतया यही उन्हें महाराष्ट्र की वारकरी भक्ति धारा का पुरोधा भी बना देता है।

(4)

वारकरी समुदाय विट्ठल या विठोबा या पांडुरंग (विष्णु) से सम्बद्ध है जो महाराष्ट्र के पंढरपुर में आसीन हैं। लोक कथाओं के अनुसार प्राचीन काल में पंढरपुर में पुंडलीक नाम का एक साधारण मनुष्य रहता था जो पांडुरंग (विष्णु) का अनन्य भक्त था। पुंडलीक की अतुल्य भक्ति की ख्याति से प्रभावित पांडुरंग अपने भक्त से मिलने का लोभ संवरण नहीं कर पाये और अपने वैकुंठ से उतर कर उसके घर के दरवाज़े तक पहुँच गये। उस वक़्त पुंडलीक तल्लीन भाव से अपने वृद्ध माँ-पिता को भोजन करा रहा था। वह इस कार्य में इतने मगन भाव से डूबा हुआ था कि पांडुरंग के आवाज़ देने पर उसने उनकी दिशा में एक ईंट मार कर उन्हें वहीं रुकने को कहा। इसके बाद पुंडलीक उन्हें वहीं रुके रहने का दिया गया अपना आदेश भूल कर अपने रोज़मर्रा के काम

पर निकल गया। पुंडलीक चला गया। वह अब नहीं है लेकिन पांडुरंग तब से उसी ईंट पर खड़े उसका इन्तज़ार कर रहे हैं। उसी स्थान के इर्द-गिर्द जहाँ पांडुरंग की ईंट पर खड़ी वह प्रतिमा है, कालान्तर में एक सम्प्रदाय विकसित हो गया जिसे फ्रेंच विद्वान जी.ए. डेल्यूरी 'विठोबा का सम्प्रदाय' (The Cult of Vithoba, 1962) कहते हैं। विठोबा या विट्ठल पांडुरंग का ही एक और नाम है जो 'वारकरी' भक्तों के प्रिय हैं।

दिलीप चित्रे लिखते हैं कि वारकरी शब्द मराठी भाषा के 'वारी' शब्द से बना है जो डेल्यूरी के अनुसार एक निश्चित और तकनीकी अभिप्राय रखता है। 'वारी' शब्द का मूल रूप 'वर' है जो समय में गिनती की निश्चितता को दर्शाता है। 'वर' का अर्थ 'बार' के रूप में है, जैसे, दो बार, तीन बार आदि। अतः 'वर' का सन्दर्भ बार-बार पांडुरंग के स्थान पंढरपुर की तीर्थ यात्रा को इंगित करता है। 'करी' का अर्थ है 'करने वाला'। अर्थात, 'वारकरी' वह है जो बार-बार एक निश्चित समय पर पंढरपुर की तीर्थ यात्रा करता है। वारकरी सम्प्रदाय महाराष्ट्र के लोक जीवन का सम्प्रदाय है और इसमें प्रायः पारम्परिक तौर पर निचली समझी जाने वाली जातियों के लोग हैं। वारकरी सम्प्रदाय वर्ष में दो बार, यानि आषाढ़ी एकादशी और कार्तिकी एकादशी को आलन्दी से पंढरपुर की यात्रा हज़ारों हज़ार की तादाद में 250-300 लोगों की कई टोलियों में भजन कीर्तन करता, ध्वज पताका लहराता, नंगे पाँव दो-ढाई सौ किलोमीटर की यात्रा 'जात्रा' के रूप में करता है। यह यात्रा आलन्दी से सन्त ज्ञानेश्वर की पादुकाओं को पालकी में रखकर शुरू होती है और पंढरपुर में विट्ठल के पास पहुँच कर ख़त्म हो जाती है। इस यात्रा के दौरान वारकरी भक्त अक्सर 'ग्यानऽबा-तुकाराम' का उच्चार मन्त्रोच्चार की तरह करते हैं। ज्ञानोबा (ज्ञानदेव) और तुकाराम (तुकोबा) वारकरी भक्त परम्परा के सन्त कवियों में पहले और अन्तिम नामों का युग्म है और इन दो नामों के मध्य समस्त मराठी साहित्य की आत्मा अवस्थित है। पंढरपुर को विट्ठल या वासुदेव या कृष्ण का स्थान माना जाता है। इस वजह से पंढरपुर को दक्षिण द्वारका भी कहते हैं। इस सम्प्रदाय के लिए चन्द्रभागा, इन्द्रायणी, गोदावरी, तापी, कऱ्हा (कर्हा) आदि नदियाँ पूज्य और पवित्र हैं।

वारकरी भक्तों की इस तीर्थ यात्रा पर चित्रे के जर्मन मित्र और भारतशास्त्री (Indologist) गुंथर डीज-सोंथिमीर ने अपने फ़िल्मकार मित्र हेनिंग स्टिगमुलर के साथ मिल कर "Vari : An Indian Pilgrimage" (Adanos Film GmbH; Munich, 1989) नामक एक फ़ीचर फ़िल्म का निर्माण किया है जो गहन और विस्तृत शोध पर आधारित है और जो महाराष्ट्र के सांस्कृतिक इतिहास का एक समग्र लेखा-जोखा प्रस्तुत करती है।

वारकरी भक्त 'ज्ञानेश्वरी' के रचयिता ज्ञानेश्वर को अपना दार्शनिक, मित्र, कवि और गुरु मानते हैं। ज्ञानेश्वर नाथ पन्थ के शैव थे लेकिन उन्होंने श्रीकृष्ण के गीता के उपदेशों को जन काव्य का रूप दिया। श्रीकृष्ण भागवत या वैष्णव सम्प्रदाय के वारकरी भक्तों के उपास्य देव हैं। इसके बाद उन्होंने 'अनुभवामृत' की रचना की जो शैव दर्शन पर आधारित तो है लेकिन भक्ति की महत्ता को प्रतिपादित करता है। यह बात खासा महत्त्व इसलिए भी ले लेती है कि ज्ञानेश्वर नाथ पन्थ के शैव सन्त थे लेकिन उनके भक्त वैष्णव समुदाय के हैं और हठ योग, सिद्धि आदि से नहीं, बल्कि भक्ति प्रेम और भाव से ईश्वर को प्राप्त करने के मार्ग को अपनाते हैं। यह शायद इसलिए भी है कि ज्ञानदेव एक ओर ज्ञानेश्वरी में श्रीकृष्ण से जुड़ जाते हैं तो दूसरी ओर अनुभवामृत में कश्मीरी शैव दर्शन को भक्ति से जोड़ देते हैं और उसे ही 'ईश्वर प्रत्यभिज्ञ' या 'ईश्वरीय आत्म बोध' कहते हैं। नाथ पन्थी शैव योगी जिस ईश्वर को कठिन साधना या गुरु कृपा से पाता है, वारकरी भक्त

उसी ईश्वर को प्रबल भावों में रमी एकाग्र भक्ति और ईश्वर चिन्तन से पा लेता है। कृष्ण और भक्ति, ये दोनों ही विषय वारकरी सम्प्रदाय के लिए सहज आकर्षण का विषय लगा। ज्ञानदेव की शिक्षा महाराष्ट्र में इसलिए भी सर्वस्वीकृत हुई कि उसने धर्म, जाति, लिंग आदि के भेदों को मिटा कर भक्ति से ईश्वर की प्रत्यभिज्ञता को सर्वसुलभ बना दिया। ज्ञानदेव ने ईश्वर और भक्त के बीच की रेखा को भी मिटा कर भगवान् और भक्त को एक कर दिया। भगवान् और भक्त का अद्वैत उनके दर्शन का मुख्य आधार था। 'शिवाद्वैत' की उनकी व्याख्या भी यही थी। यही चिन्तन वारकरी सम्प्रदाय की भक्ति का आधार भी बना।

वारकरी परम्परा ने महाराष्ट्र और देश को ही नहीं, समस्त विश्व को अनेक सन्त कवि दिया हैं। वारकरी कवि अक्सर आत्मकथ्यात्मक कविताएँ लिखते हैं जिसमें अपनी निराशा, हताशा और उत्कट इच्छाओं का वर्णन मिलता है। वे अपने जीवन को निस्तेज और खुरदुरे रूप में व्यक्त करते हैं। वारकरी कवियों के लिए मानवीय स्थिति एक लगातार चलने वाली संकट की अवस्था है जिसमें वारकरी कवि का पांडुरंग से संवाद कभी नहीं टूटता है। पांडुरंग का लगातार स्मरण ही वारकरी कवि के लिए चिद्विलास है, जीवनमुक्ति है जो उसे 'जीव भाव' से उबार कर 'आत्म भाव' में अवस्थित करता है।

महाराष्ट्र में अवतीर्ण हुए सन्त कवियों की प्रखर काव्य मेधा पर लिखते हुए दिलीप चित्रे कहते हैं कि एक कवि के रूप में 13वीं शताब्दी के सन्त कवि ज्ञानेश्वर मुझे फ्रांसीसी कविता के प्रतीकवाद (Symbolism) के भी परे जाते हुए लगते हैं, जबकि तुकाराम की कविताओं में मुझे आत्म कथन की प्रगल्भ सादगी और भावनात्मक प्रबलता मिलती है, कुछ इस स्तर की, जिसकी मुझे कोई और मिसाल नहीं मिली है। मैंने इन दोनों के काव्य का अंग्रेज़ी में अनुवाद करने का फ़ैसला कर तो लिया लेकिन तब मुझे नहीं पता था कि मैं अपने आपको जीवन पर्यन्त चलने वाले एक ऐसे शोध और परिश्रम में झोंक रहा हूँ जो मुझे बार-बार मुझे कविता और कला, वाचन और व्याख्या, धर्म और रहस्यवाद, दर्शन और विचार के कविता से सम्बन्ध, मानवीय स्थितियों के कविता और कला के मूल कथ्य के रूप में होने आदि के अपने ज्ञान और विचार को और भी अधिक जाँचने के लिए मजबूर करता रहेगा। वे लिखते हैं कि 'अनुभवामृत' पर मेरा अध्यवसाय सिर्फ़ कविता का अध्ययन ही नहीं है। यह एक आधुनिक पाठक के किसी पारम्परिक साहित्यिक 'क्लासिक' के 'पाठ' का भी अध्ययन-विषय है, उस अध्ययन की केस स्टडी है।

सन्त कवियों की इस कड़ी में ज्ञानेश्वर के बाद नामदेव, एकनाथ और तुकाराम भी जुड़ते हैं और इस तरह चार महान सन्त कवियों की काव्य प्रतिभा से मराठी समाज और साहित्य धन्य हुआ है। सन्त कवियों ने पारम्परिक भारतीय समाज को जातियों के विभाजन, उनके बन्धनों और उस समाज पर ब्राह्मणों द्वारा नियन्त्रण की ललक से प्रायोजित रूढ़ धारणाओं और कर्मकाण्डों से मुक्त कराते हुए जीवन और समाज को मानवतावादी सरोकारों से सराबोर कर दिया। उन्होंने लोक भाषा और लोक सरोकारों की कविताएँ लिखीं और धर्म और ईश्वर को सबके लिए उपलब्ध करा दिया। उनका काव्य पण्डित-कवियों के काव्य से अलग था जो शास्त्रों में निर्धारित मानदण्डों और मर्यादाओं को ध्यान में रखकर पाण्डित्यपूर्ण तरीके से लिखे जाते थे। सन्त कवियों ने कविता से सम्बन्धित इन बन्धनों को तोड़ कर 'सहज काव्य' की रचना की जो शास्त्रोक्त काव्य मानदंडों की अवहेलना करता था। उनका काव्य स्थापित मान्यताओं, रूढ़ियों और मानदण्डों से विद्रोह था। वह लोक भाषा में लोक चिन्ता और लोक कामनाओं का काव्य था जो हृदय से उगता था और हृदय तक

जाता था। इस लिहाज़ से सन्त कवियों को पण्डित-कवियों की श्रेणी से एक अलग दर्जा प्राप्त था। सन्त कवियों ने कविता और साहित्य को लोक सुलभ बनाकर उसका जनतांत्रिकरण कर दिया। सन्त तुकाराम का काव्य कविता और समाज दोनों पर ही शास्त्रोक्त नियन्त्रण के ख़िलाफ़ विद्रोह था। उनकी कविता में रोज़-रोज़ के जीवन-मरण के प्रश्न, और उन प्रश्नों के मध्य आत्म की खोज की जो अभिव्यक्तियाँ हुई हैं वे श्रुतियों के माध्यम से लोकमानस का अभिन्न अंग बन गयी हैं। मराठी साहित्य और समाज में सन्त कवियों के योगदान पर लिखते हुए 'Says Tuka' की भूमिका में दिलीप चित्रे लिखते हैं कि भक्ति साहित्य के बारे में अक्सर कहा जाता है कि उसमें तत्कालीन सामाजिक परिवेश के प्रति उदासीनता मिलती है लेकिन मराठी भक्ति साहित्य इसका अपवाद है। मराठी सन्त कवियों ने सीधे- सीधे और दो टूक शब्दों में आभिजात्य के नियन्त्रण पर प्रश्न किया है और प्रेम और समानता पर आधारित समाज की चाह को बल दिया है। संस्कृत के बजाय उसने लोक भाषा को महत्त्व दिया है और भाषा को एक साझा धर्म और धर्म को एक साझी भाषा के स्तर पर प्रतिपादित किया है।

सन्त तुकाराम (1608-1650) का जन्म वर्तमान पुणे ज़िले के अन्तर्गत देहू नामक स्थान पर एक धनाढ्य वैश्य परिवार में हुआ था जो कृषक था और कृषक उत्पादों के व्यापार के अलावा ब्याज पर ऋण भी दिया करता था। राज्य व्यवस्था ने उनके पूर्वजों को गाँव के 'महाजन' का पद दिया था जिस पर बाद में तुकाराम भी आसीन हुए। किशोरावस्था में विवाहोपरान्त वे एक गृहस्थ जीवन बिताते हुए एक बड़े संयुक्त परिवार का भरण पोषण कर रहे थे। कुछ समय बाद उनका दूसरा विवाह भी हुआ जिससे उनकी सांसारिक ज़िम्मेदारियाँ और भी बढ़ गयीं। सन् 1620 के दशक में लगातार तीन वर्षों तक पड़े भयानक अकाल ने उनके जीवन की गति और दिशा को बदल दिया। अकाल के दौरान लोगों को भूख से बचाने के लिए उन्होंने अपने अनाज का भण्डार खोल दिया, जब वह भण्डार ख़त्म हो गया तो उन्होंने अपनी सम्पत्ति गिरवी रखकर अनाज का प्रबन्ध किया और भूखे लोगों में बाँट दिया। लेकिन हालात नहीं सुधरे और लोग भूख से मरते ही चले गये, उनकी सम्पत्ति ख़त्म हो गयी और अब उनके पास अपने परिवार को भोजन देने लायक कुछ भी नहीं बचा। भूख से तड़प कर उनकी पहली पत्नी की भी मृत्यु हो गयी और गिरवी पड़ी सम्पत्ति को छुड़ा पाने की उनकी असमर्थता की वजह से 'महाजन' का पद भी छिन गया। अब पूरे गाँव में उनकी थू-थू हो गयी। हताशा में वे बिल्कुल चुप हो गये और लोगों से कतराने लगे। घण्टों एकान्त में बैठे तुकाराम का जी जीवन से उचाट होने लगा और वे अन्तर्मुख हो गये। दुनियादारी से विमुख, वे अपनी गृहस्थी भी भूल गये और हर तरफ़ से तिरस्कृत होने लगे। अपने इर्द-गिर्द इतनी मृत्यु, दुःख दर्द, असफलता, बीमारी और कष्ट की स्थितियों से हुए घोर सन्ताप और निराशा में वे अपने कुल देवता विट्ठल की तरफ़ मुड़े और प्रार्थना करने लगे। विट्ठल ने सन्त नामदेव के साथ उनके स्वप्न में प्रकट होकर उन्हें आदेश दिया कि तुम कविताएँ (अभंग) लिखो, वही तुम्हारा असली पेशा है। इन बेकार की चीज़ों में मत रमो। उन्हें यह भी कहा गया कि नामदेव ने संकल्प किया था कि वे विट्ठल के लिए 10 लाख अभंग लिखेंगे लेकिन वे उस संकल्प को पूरा नहीं कर पाये। इसलिए, बाकी अभंगों को लिखने का काम तुकाराम को स्वप्न में विट्ठल ने सौंप दिया। इस स्वप्न के बाद तुकाराम कहीं निकल गये और कई दिनों के बाद पुनः प्रकट हुए। अब वे कवि थे और कविता के माध्यम से वे विट्ठल से सीधा संवाद करते थे। इस बात से विचलित ब्राह्मणों के एक वर्ग ने उन्हें कविता करने से मना किया और उनके लिखे को धृष्ट कर्म बताते हुए उनकी कविताओं को इन्द्रायणी नदी में डुबो दिया। उन्होंने

तुकाराम से कहा कि यदि विट्ठल सचमुच तुमसे सम्पर्क में हैं तो अब इन्हीं डुबोई गयी कविताओं को वापस ला कर दिखाओ। व्यथित तुकाराम अन्न-जल त्याग कर वहीं इन्द्रायणी नदी के किनारे बैठ गये और ज़िद से भर कर विट्ठल की प्रार्थना करने लगे कि अब तो तुम्हें ही सम्हालना होगा। अब प्रतिष्ठा का सवाल है। तुम अब जब तक वे कविताएँ वापस नहीं लाओगे, मैं अन्न-जल ग्रहण नहीं करूँगा। कथाओं के अनुसार तुकाराम इन्द्रायणी के तट पर 13 दिनों तक अन्न-जल का त्याग कर बैठे रहे और अन्त में अचानक वे सभी कविताएँ नदी की सतह पर उभर कर तैरने लगीं। वे उसी रूप में वापस आ गयीं जिस रूप में डुबोये जाने के पहले वे थीं। इस घटना ने उनकी ख्याति चहुँ ओर फैला दी। अब वे सन्त तुकाराम थे। वे आजीवन सिर्फ़ और सिर्फ़ कविताएँ ही लिखते और गाते रहे जो आज भी लोक परम्पराओं में और श्रुतियों में उपलब्ध मिलती हैं। नदी से प्राप्त हुई कविताओं की घटना का ज़िक्र उनकी कविता में भी मिलता है। ऐसा माना जाता है कि सन् 1650 ई. के किसी एक दिन वे अचानक कहीं ग़ायब हो गये और फिर कभी किसी को नज़र नहीं आये। उनका क्या हुआ, इसकी जानकारी किसी को नहीं है, हाँ उनसे जुड़ी कई कथाएँ लोक मानस में अवश्य दर्ज हैं। वारकरी सम्प्रदाय में प्रचलित मान्यता के अनुसार उस दिन ख़ुद विट्ठल उन्हें लेने आये थे और रोशनी से सजे एक रथ पर उन्हें वे अपने साथ ले गये। कुछ लोगों का मानना है कि विट्ठल के गीत गाते-गाते तुकाराम सूक्ष्म हवा में विलीन हो गये। एक अन्य मत के अनुसार उन्होंने नदी में डूबकर अपना प्राण त्याग दिया। कुछ विद्वानों ने यह भी शंका प्रकट की है कि सम्भवतः ब्राह्मणों ने उनकी हत्या करवा दी थी। लेकिन किसी भी एक वजह पर कोई मतैक्य नहीं है। आजीवन कविता लिखने वाले इस सन्त कवि ने कितनी कविताएँ लिखी हैं इस पर कोई मतैक्य नहीं है। विद्वानों का मत है कि उन्होंने जीवन में 5000 से 8000 तक कविताओं/अभंगों की रचना की जिनमें अब कुछ ही कविताएँ उपलब्ध हैं। दिलीप चित्रे ने तुकाराम की कविताओं का अनुवाद 'Says Tuka' शीर्षक से किया है जिसमें उनकी 750 कविताओं/अभंगों का अनुवाद है।

तुकाराम की कविताओं/अभंगों की विशेषता है उनका ईमानदार आत्म कथन। वे कवि बनने से पहले भी एक समर्पित सत्यवादी माने जाते थे और अपना व्यापार भी पूरी ईमानदारी से किया करते थे। विट्ठल से आदेश मिलने के बाद उनकी तकलीफ़ और भी बढ़ गयी कि जिस विट्ठल की उन्हें अनुभूति ही नहीं हुई है, वे उनके बारे में क्या और कैसे लिखेंगे। अपनी इस समस्या को उन्होंने अपने अभंगों में बहुत स्पष्ट जगह दी है। जैसे-जैसे विट्ठल की उन्हें अनुभूति होने लगी वैसे-वैसे उन्होंने और भी सघन काव्य की रचना की।

उनका काव्य ईमानदार आत्म कथन है जिसमें वे अपने जीवन और समय की सभी स्थितियों और संकटों का ब्योरा देते हैं और उन्हीं ऐहिक स्थितियों के बीच वे पारलौकिक सत्य को ढूँढ़ लेते हैं। वे अस्तित्व के ईश्वरीय अनुभव की खोज करते हैं जिसमें आत्मनिष्ठ और वस्तुनिष्ठ का भेद, व्यक्ति और विश्व का भेद घुल जाता है, 'नाहीस' (चित्रे की कविताओं में आया 'नाहीसा' शब्द) यानि 'नहीं-सा' हो जाता है, मिट जाता है। वे अपनी चेतना को एक ब्रह्माण्डीय और वैश्विक घटना की तरह देखते हैं जिसकी जड़ रोज़मर्रा के जीवन में गहरे धँसी हुई है लेकिन जो बोध की अनन्तता तक फैला हुआ है जो 'अणु से भी लघु और आकाश से भी व्यापक' है। दिलीप चित्रे ने उन्हें मध्यकालीन और आधुनिक मराठी काव्य के बीच एक महत्त्वपूर्ण कड़ी की तरह देखा है और यह भी स्थापना की है कि सन्त तुकाराम में आधुनिक कविता के सभी तत्त्व मौजूद थे। उन्होंने भक्ति को ही एक अस्तित्ववादी आयाम दे दिया है जिसमें भाव और चिन्तन का अद्‌भुत सामंजस्य

है। उनकी कविताओं में आधुनिक मनुष्य के अस्तित्व के प्रश्न, उसके उल्लास और संकट, पीड़ा, घुटन और संत्रास, उसके भय और उसकी व्यग्रताएँ, दुःख-दर्द, विषाद, और सुख शान्ति की चाह के बीच छटपटाता मनुष्य, सभी एक 'गूढ़ विनोद' की तरह आते हैं। स्वतन्त्रता जहाँ अस्तित्व के आत्मनिर्धारण की स्वतन्त्रता है, वैसी जीवन स्थिति की चाह भक्ति काव्य के माध्यम से उनकी कविताओं में व्यक्त होती रही है। उनका काव्य ऐहिक विश्व की रोज़मर्रा की समस्याओं, मानव स्थितियों के चित्रण, जीवन के प्रति दार्शनिक बोध और इन सबके जरिये रचा एक अद्भुत काव्य है जो सतह के नीचे बहुत ही गहरी अर्थ छवियों और गम्भीर चिन्तन लिए बहता चला जाता है। चित्रे ने तुकाराम को विरोधाभासों का कवि बताते हुए कहा है कि वे ऐहिक अनुराग के योगी हैं, वे ऐसे घनघोर भक्त हैं जो अपने ईश्वर की प्रतिमा को भी प्रेम में डूबकर तोड़ सकता है, जिसे यह बोध है कि वह अपने भाव और अपने काव्य का अधिपति है। चित्रे ने तुकाराम को एक आधुनिक अस्तित्ववादी कवि कहते हुए उन्हें भारतीय काव्य के लिए अंग्रेज़ी काव्य में शेक्सपीयर और जर्मन काव्य में गेथे के समतुल्य माना है।

तुकाराम की कविताओं की इन विशेषताओं के आधार पर यदि हम दिलीप चित्रे की कविताओं को पढ़ें तो पायेंगे कि उनकी कविताओं में भी यही गुण मौजूद हैं। वे भी आत्म कथन की शैली में अपने रोज़मर्रा के अनुभवों को दर्ज करते हुए उन्हीं में अपने अस्तित्व के प्रश्नों का हल खोजते हैं और अपनी इस खोज में कई बार वे अपने अस्तित्व के आकाश व्यापी रूप में मिल जाते हैं। खण्डोबा और देवी इन दोनों कविताओं में अस्तित्व के स्तर पर आत्मबोध और वस्तुबोध का घुल जाना, उनके सीमान्त का 'नाहीस' हो जाना, लोप हो जाना प्रबल रूप से व्यक्त हुआ है। देवी कविता में देवी के प्रति उनका रुख भी वैसा ही है जैसे तुकाराम सरीखा कोई भक्त अपने ईश्वर से खेल रहा हो, उसे वह छूता है, टटोलता है, चूमता है और फिर प्रबल प्रेम के आवेग में उसे तोड़ देता है। देवी के प्रति दैहिक स्तर का अनुराग इसी तरह की भाव छायाओं से घना हो उठता है। एक और बात, दिलीप चित्रे का मानना है कि तुकाराम भी सन्त ज्ञानेश्वर की ही काव्य परम्परा का निर्वाह करते हैं लेकिन उन्हें आत्म का चरम आनन्द घोर पीड़ाओं से गुज़र कर मिलता है। दिलीप चित्रे की कविताएँ भी घोर पीड़ाओं से गुज़र कर ही सम्भव होती हैं और सन्त ज्ञानेश्वर और सन्त तुकाराम के शोध और उनकी कविताई के प्रभाव उनके यहाँ घुले हुए इस रूप में आते हैं कि एक को दूसरे से अलग करके देख पाना मुश्किल है।

सन्त कवियों का काव्य आज भी लोक मानस में श्रुतियों के रूप में बसा हुआ है। मराठी समाज में श्रुतियों के रूप में लोक काव्य के अन्य स्वरूप भी मिलते हैं, मसलन, 'ओवी'। 'ओवी' एक प्रकार का लोक छन्द है जिसे महिलाएँ अक्सर घरेलू काम करती हुई, जाँता (चक्की) चलाती हुई, चावल चुनती हुई, या एक समूह में कोई भी काम करती हुई गाती गुनगुनाती हैं। 'ओवी' छन्द का प्रयोग सन्त कवियों के काव्य में भी प्रचुर मात्रा में हुआ है। 'ओवी' के अलावा 'पोवड़ा' या पावड़ा भी एक प्रकार का लोक काव्य है जिसे 'साहिर' गाते हैं। साहिर उत्तर भारत में पाये जाने वाले चारण कवियों की ही तरह राजाओं की प्रशंसा और उनकी विरुदावली गाने वाले कवि हैं। आज के सन्दर्भ में इसे राजनैतिक नारेबाजी के गीतों के रूप में उपलब्ध माना जा सकता है।

इसी तरह लोक काव्य 'लावणी' और 'तमाशा' के रूप में भी अभिव्यक्त होता है। ये दोनों ही काव्य को गीत और नृत्य के रूप में प्रस्तुत करते हैं और किसी घटना का विवरण करते हैं। इनकी छटा में एक अल्हड़पन, मस्ती और ठेठ किस्म की खुरदुरी रूमानियत होती है जो यौनिक अभिप्रायों

से भरी होती है। 'इरॉटिक' बिम्ब कभी सांकेतिक तो कभी प्रकट रूप से इन दोनों माध्यमों में पाये जाते हैं। इन्हीं माध्यमों से मराठी लोक थियेटर का विकास हुआ है जो आगे चल कर नाट्यशास्त्र और पश्चिमी थिएटर के मिलेजुले प्रभावों से आज के मराठी रंगमंच और मराठी सिनेमा और यहाँ के 'पॉप' संगीत का स्वरूप और आकार तय करता है।

इस खण्ड की अगली कविताओं को पढ़ने और पिछली कविताओं पर दुबारा लौटने से पहले यह प्रासंगिक लगा कि कवि दिलीप चित्रे की काव्य चेतना को गढ़ने वाली भारतीय पृष्ठभूमि को भी पाठक के समक्ष रखा जाए ताकि पाठक अपनी रुचि और रुझान से इन कविताओं के भीतर उतर सकें और कवि और उनकी कविताओं के प्रति अपना स्वतन्त्र दृष्टिकोण तय कर सकें। अगले खण्ड की ये कविताएँ दिलीप चित्रे की महानतम कविताओं में गिनी जाती हैं जिनमें, 'शक्ति ची प्रार्थना' और 'खण्डोबा' मुझे सबसे अद्भुत कविता लगती हैं। 'खण्डोबा' का अनुवाद बहुत ही मुश्किल और जटिल काम था। इसके अनुवाद में रह गयी कमियाँ मेरी हैं।

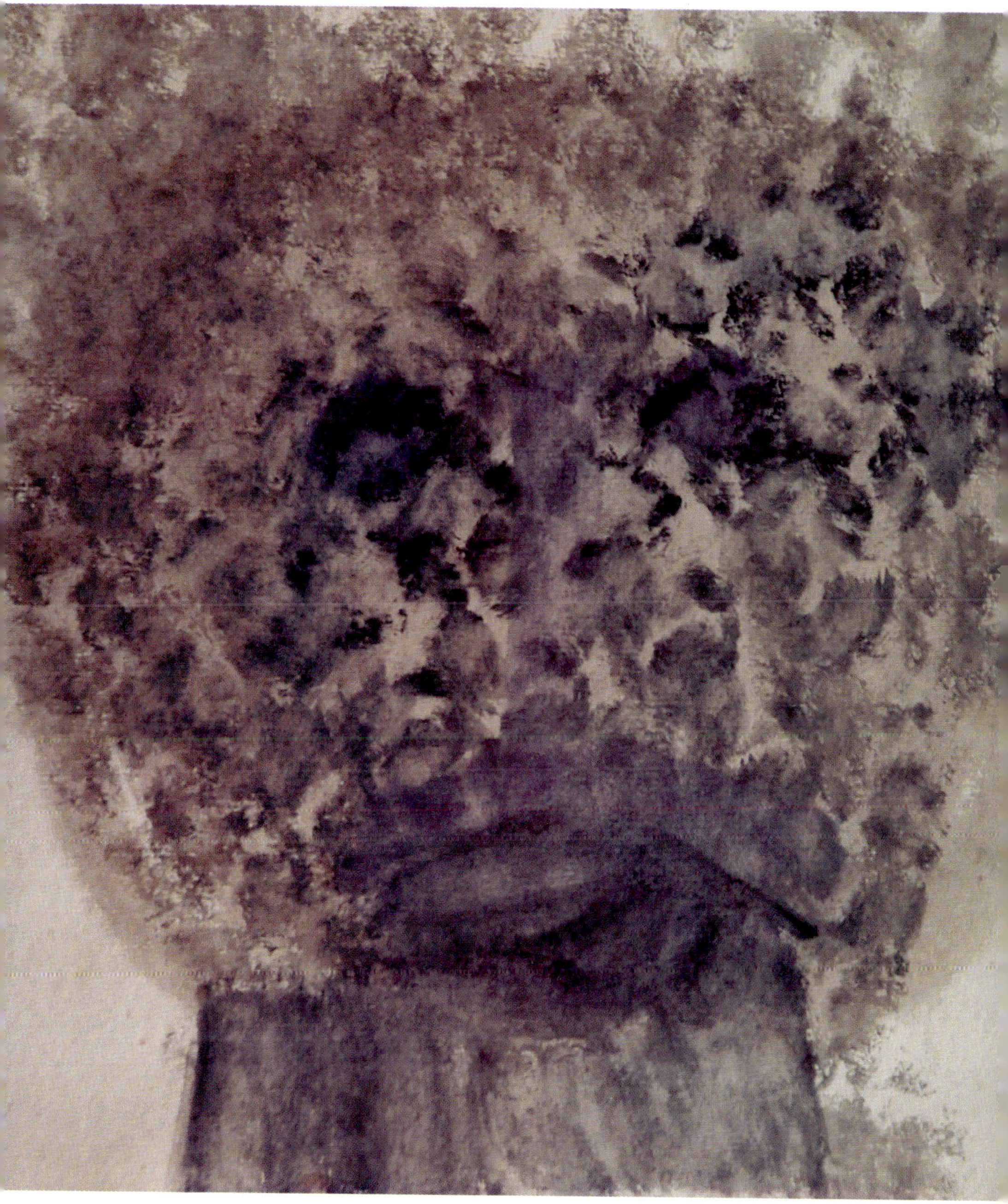

निषाद

देहू : नवम्बर 1988

('देहू : नोव्हेम्बर 1988'; एकूण कविता 1, पृ. 112)

1.

मैंने विट्ठल का प्रकाश कभी
नहीं देखा है
सिर्फ़ तुकाराम की
झरती छाँह

झरते शब्द
आकाश में
खरोंच खींचती
उड़ान के

सीधे मेरे
चेहरे पर से
गुज़री वह छाँह

तभी से
ऐसा सँवलाया
यह जन्म

2.

अभी भी देहू में
दीखता है नदी का वह गहरा तल
जहाँ तुकोबा की दृष्टि से
नभोमय हुआ था जल

वहीं
आनन्द के गहरे तल में
उमड़ा था
आनन्द तरंग

मेरी भी आँखों में
पानी आया
इन्द्रायणी नदी को देख कर

3.
भण्डारे के पर्वत पर
दूर देहू दीखता है
उतर कर पास पहुँचते ही
उस पार किनारे पर
बने घाट
मन्दिर के शिखर
घरों की चहल पहल में
दीखते नहीं
तुकोबा के
पुराने आनन्द तोरण पथ
या माँ-बहनों के वर्णनों के
अद्‌भुत उत्सव

नदी दीखने लगती है
याद आता है
तेरह दिनों का निश्चक्र
याद आता है
फिर दीखता है कैसे नहीं
इस भरे दृश्य में
खाली जगह कहीं

लगभग सभी का
उपनाम 'मोरे' ही है
इस अजीब से गाँव में

4.
अकाल में
स्त्री आँखों के आगे मर गयी
घर उजड़ गया
परिवार बेघर हुआ
दिवाला निकल गया
गाँव में छीः थूः हो गयी

तुकोबा बैठे ही रहे

फिर कई दिनों तक
मुँह छुपाते
जंगल पर्वत भटके
शब्द बुदबुदाते

शब्दों के भ्रमर बन गये
तुकोबा के पीछे पीछे
हमेशा मँडराने लगे
पांडुरंग पांडुरंग
सिर्फ़ गुनगुन
पांडुरंग पांडुरंग
भ्रमरों का हुआ
काला कीर्तन
पांडुरंग पांडुरंग
एक भ्रमर नामदेव बना
एक बना पांडुरंग
दोनों गये स्वप्न के भीतर घुस कर
खोद निकालने पहला अभंग

5.
पौने चार वर्ष के अपने पोते को
तुकाराम की बातें बताता बताता
मैं अचानक स्तब्ध हो गया

मुद्दे की बात
मुझे कहनी आयी ही नहीं

जिस जग में केन्द्र ही नहीं है
उसका केन्द्र अवश्य हो
बारीकी और विस्तार तो पहले से ही है
सहज वह फिर जुड़ती चली आती है

मेरे पोते को जो देहू भाया
उसमें अभी तक तुकाराम नहीं हैं

उसे लगा यही बैकुण्ठ
या कुछ कुछ पंढरपुर है
विठोबा की मूर्ति उसकी पहचानी हुई थी
पंढरपुर का नाम उसे पता था
पर तुकाराम
उसकी आँखों के आगे मैं ला ही नहीं सका

और मुझे जो तुकाराम पता थे
उसकी भवति
इस देहू में नहीं है
तुकाराम को याद करते ही
मुझे उस देहू के
लोग भी नहीं दीखते हैं
सिर्फ़ एक फटी भर्रायी आवाज़
अभंग गाती हुई
और सभी पन्ने
नारायण समेत
नदी में डूबते हुए

6.

यह बीसवीं या इक्कीसवीं
सदी का प्रश्न ही नहीं है
पर सोचिये
मैं तुकाराम के अपने अंग्रेज़ी अनुवाद को
इस नदी में डुबाकर
तेरह दिनों तक अन्न-जल के बिना
नारायण के आगे धरना डाल बैठूँ
तो क्या मेरी हस्तलिखित कविताएँ
तैर उठेंगी?
और सोचिये कि अगर उन्हें
थेम्स या हडसन की तरह
जिनमें मराठी के किनारे नहीं हैं
वैसी निराली भाषा की नदी में डुबो दूँ तो
आगे लोग मुझे भी मान लेंगे क्या?
प्रतिष्ठा का प्रश्न
एक सिर्फ़ तुकाराम का
कभी नहीं था।

तुकाराम स्वर्ग में चित्रे नरक में

('Tukaram In Heaven; Chitre In Hell'; As Is Where Is, पृ. 61)

एक सूई पूरी दक्षता से
धँसी हुई है नस में
कहीं बहुत गहरे एक अजनबी
फिर से जाग जाता है।

मेरा मुखौटा गिर चुका है,
दाँत खिसोड़ता हँसता है मुझ पर :
एक चेहरा विहीन उन्माद में ही
मैं निकल जाता हूँ सदा के लिए

थोड़ी नरम रोशनी
और थोड़े ठण्ढे सूरज में,
अन्यमनस्क
मैं बन्दूक की तरफ़ हाथ बढ़ाता हूँ
एक पूरा देश
मिट रहा है अब;
प्रेम का जो कुछ भी बचा है
वह मेरा ललाट ही है

खोपड़ी का स्थापत्य
और जालीदार भित्तिचित्रों की
मिटती बनावट
विरासत में सौंपता हूँ तुम्हें

विरासत में सौंपता हूँ तुम्हें
अपना जीवाश्म अपने होने का ब्योरा
और शामिल होता हूँ
सन्तों की अमर भजन मण्डली में

तुकाराम स्वर्ग में
चित्रे नरक में
गाते हैं वही गीत
सदियों अलग एक-दूसरे से

उनकी हड्डियाँ आयी हैं
उसी पत्थर से
जो अटल खड़ा है पंढरपुर में
ईश्वर के रूप में

अनम्र भी विनम्र भी
और सदा
अविचल। नदी बहती रहती है
जैसे इतने सारे लोग

यह भंगिमा ख़ुद में
मीनार भी है
और उसका शिखर भी

इतिहास धूल है
ऐसी गरमी के मौसम में।
यह ऊष्मा ही
स्थायी सत्य है

मानव ख़ुद अपनी ही
अफ़वाह उड़ाता है
ईश्वर के रूप में
हथिया लेने को एक सृष्टि

जो उसकी नहीं है।
ऐसी गरमी का मौसम
दिमाग़ की
ख़ुद अपनी दहक है।

क्या वह विट्ठल ही है
जो बनाता है

सूर्य और बारिश :
तुकाराम का आनन्द

और चित्रे की वेदना
दो पहलू हैं
उसी सिक्के के
दैवी और नकली

पीढ़ियों के
सम्प्रभु सिक्के
अवस्थित
उसी धरातल पर

क्योंकि मनुष्य की बात नहीं हो सकती
आओ ईश्वर की बात करते हैं
निष्कर्ष निकालते हैं मन, हाथ, छेनी, प्रहार के
पत्थर में अंकित छवि से

क्योंकि ईश्वर अनन्त
नींद है जिससे हम जागते हैं
हम उकेर लाते हैं उसे रात से
दाँत खिसोड़ते ग्रेनाइट में

उसकी मांसपेशी में
हम उड़ेलते हैं अपनी आत्मा
उसका हृदय पत्थर का है
जिसमें हृदय गति हमारी अपनी

हमारी आवाज़ें ईश्वर से भर्रायी हुई हैं :
वह हमारी चीख़, हमारा रोदन, हमारी कराह है
स्वर्ग में तुकाराम, नरक में चित्रे,
उसी सत्य पर लौटे, सदियों अलग एक-दूसरे से

वे उसी जगह नाचते हैं
उत्सव मनाते हैं
समरूप समता का
एकमात्र कला की तरह

हमारी आवाज़ वह गाँव है
जहाँ तुम कभी नहीं गये
जहाँ ईश्वर रहता है
शान्त झोपड़ों में

तुमने नहीं देखा है
उसके असंख्य चेहरों को
क्योंकि ईश्वर असभ्य
जगहों में रहता है

वह भूख है,
वही भोजन;
वह अन्न है,
वही एकमात्र ईश्वर।

ईश्वर तोड़ा हुआ
ईश्वर कुचला हुआ
इस तरह पीसा हुआ
कि कभी नहीं मिलता है

जो कुछ भी हमारे पास है, वही है
वही हमारी फ़सल और अकाल
वही जिसे हम पूजते हैं
वही जिसे कोसते हैं

वही पड़ोसी
वही शत्रु
वही शासक
वही नियति

वही हमारा गुलाम
और वही ज़मीनदार
पर बिना हमारी तलवारों के
वह शायद ही कभी बहादुर होता

ईश्वर हमारा गाँव है
मूर्ख भी और मुनि भी

वही दोषी हमारा
वही न्यायकर्ता

हम पूजते हैं उसी को
जिसे मारते हैं कोड़े
झुके घुटनों पर
वही है जिसे हम पीटते हैं

वही पापी हमारा
वही है सन्त
उसी में हम शुरुआत अपनी
और उसी में अन्त हम

दागदार चेहरे वाले कवि आओ
जुड़ो तुकाराम और चित्रे से
क्योंकि स्वर्ग का गीत
एक ग़ज़ब का भजन है

माँगो, और तुम्हें मना कर दिया जायेगा;
पर लौटो मत
अपनी आवाज़ लगाये बिना
एक यही तो है जो तुम्हारे पास है

याद करो, हमारी सबसे
सुन्दर कविताएँ थीं हमेशा
तथ्यों सी स्पष्ट
और नंगी इन पहाड़ों सी

कि हमारी आत्मा
में पत्थर के रूप हैं
और हमारे पत्थर
चिर स्थायी आईने।

कर्हा नदी पर सोमवती अमावस्या

('No Moon Monday At The River Karha'; As Is Where Is, पृ. *211)*

1.
कौन हूँ मैं?
इन आवाज़ों में एक और आवाज़ इस नदी के छोर पर जहाँ हज़ारों श्रद्धालु इकट्ठा हुए हैं
अपने महाराज, अपने प्रभु को स्नान कर शिकार पर निकलते देखने को?
वे सभी एक ही छोर पर हैं
यहाँ और अभी के छोर पर
अपनी सांसारिकता के छोर पर
डुबकी लगाकर निकलने को नये होकर
और मैं?
मैं यहाँ क्या कर रहा हूँ पश्चिम से आये अपने परदेसी मेहमान के साथ?
क्या मैं यहाँ विमर्श के लिए आया हूँ विश्व साहित्य पर गोथे की अवधारणा पर
या सोन्थिमेर की
चरागाह खो चुकी इस दुनिया के चरवाहे लोक देवताओं की
खोज पर?
क्या मेरे पास कोई कार्य सूची है? कोई एकालाप है सुनाने को?
इस मनुष्य सी नदी को काग़ज़ की नौका सी एक व्यक्तिगत कविता अर्पित करने को
इस उम्मीद में कि वह तैरती रहेगी सदा के लिए?

मैंने दिखाया अपने मेहमान को कुछ जगहें जो मेरे लिए बहुत मायने रखती हैं :
दो मण्डियाँ जहाँ से मैं ताज़ी सब्ज़ियाँ, फल, मांस और मछली खरीदता हूँ :
शहर की आबाद ज़िन्दगी जहाँ मैं अभी रहता हूँ।
और संवाद के छोटे-छोटे स्फोटों में, हमने आपस में बातें की हैं
दूसरे महादेशों में अपने जीवन और घरों के बारे में।
सिवा इसके, हम यात्रा करते रहे हैं एक चुप्पी में जिसका कोई नक़्शा नहीं है,
चुप्पी जिसे हम अपना व्यक्तिगत अस्तित्व कहते हैं,
चुप्पी जो सम्पूर्ण ब्रह्माण्ड है हमारी उस निजता का जिस पर समझौता नहीं हो सकता।
हाँ, हमारे पास अपना-अपना कैमरा और नोटबुक भी है
ले सकें ताकि तस्वीरें महत्त्वपूर्ण की, लिख सकें अपने अनुभव

हम सुसज्ज हैं। हम कवि हैं उस उत्सव में जिसे साक्षरता की
ज़रूरत नहीं।
हम कर्हा नदी पर हैं,
प्रभु खण्डोबा के जेजूरी के अपने क़िले से आने के इन्तज़ार में
अपने अनुयायियों की टोली के साथ
निकल पड़ने को शिकार अभियान पर।
क्या मैं इस सबका हिस्सा हूँ, एक तरह से सहभागी?
या मैं एक बाहरी व्यक्ति हूँ सिर्फ़ अवलोकन को यहाँ आया हुआ?
क्या मैं एक टूरिस्ट गाइड हूँ?
क्या मैं एक शोध-प्रबन्ध लेखक हूँ?
ये प्रश्न दिमाग़ में आन्दोलित होते रहते हैं
पालकी के आगमन के इन्तज़ार में।

2.
कौन हूँ मैं?

परसों ही तो
तुकाराम की प्रिय पहाड़ी पर
यह प्रश्न आता रहा था मेरे सामने
कि क्या मैं उनकी ही तरह एक भक्त हूँ
एक प्राप्य ईश्वर का
ईश्वर जिसकी कल्पना की जा सके
या जिसपर विचार किया जा सके?
और यह पूरी चुप्पी, जिसका नक़्शा नहीं है, मेरे सामने पसरी रही
अन्तरंग परिचय वाली घाटी की तरह
जहाँ सहज प्रवृत्ति से कोई रास्ता ढूँढ़ लेता है
उस सफ़ेद काग़ज़ की तरह कवि जिससे अभ्यस्त है
और जिसे वह नक़्शा योग्य बना लेता है
और मैंने जाना
कि कथन ही मनुष्य को मनुष्य बनाता है
जैसे चुप्पी बनाती है ईश्वर को ईश्वर
मैं ईश्वर बुदबुदाता हूँ
तुका ने कहा था
इसी चुप्पी में
क्योंकि आत्म की एकमात्र बहस है
खुद अपने आप से
ईश्वर है

वह :
आत्म

फिर मैंने दिखाया अपने मेहमान को नदी का वह गहरा सिरा
जहाँ उन्होंने तुका की सभी कविताओं को डुबो दिया था
क्योंकि उनका कहना था वह सब परम्परा के ख़िलाफ़ था
कविता परम्परा के ख़िलाफ़ होती है
वह ब्रह्माण्ड की शुद्ध आत्मा को नहीं दर्शा सकती
और इस पाखण्डी की ये मजाल कि कह दे,
"यह मैं नहीं जो कह रहा है
तुम ईश्वर को सुन रहे हो :
वह मुझसे कहवाता है।"

चुप्पी जो हमसे कहवाती है
कथन जो सब कुछ को चुप कर देता है।
'विट्ठल! विट्ठल!'

3.
पालकी
अभी तक नहीं आयी है
लेकिन लाल पगड़ी वाले धांगरों की एक पंक्ति दूर उभरने लगी है
जमा होते स्त्री-पुरुष और बच्चों की क़तारों के साथ
भीड़ बढ़ती जा रही है
गड़े हुए तम्बुओं में खाने की चीज़ों के स्टॉल लगे हैं
और तली जा रही चीज़ों की स्वादिष्ट मीठी महक
स्टॉल लगे हैं मनके मोतियों के, देवी-देवताओं की धातु की मूर्तियों के
हर वस्तु अलग कथाएँ कह रही है
इस खुले कथा वर्णन में
जिसे हम तीर्थ कहते हैं।

4.
स्वर देना ही होना है
और मैं
एक कवि हूँ
तो मेरा स्वर कहता है मुझसे
गाओ, चीखो, चिल्लाओ, फुसफुसाओ, ठहरो और चिल्लाओ फिर से
तुम हमेशा अपने स्वर के

पैरों पर गिरते हो
और पहचानते हो अर्थ
अपना।

ये सभी लोग खो गये हैं
क्या ये ढूँढ़ रहे हैं मुझे?
जो सिर्फ़ एक स्वर है?

5.
वह स्त्री जिसकी पीठ घूमी हुई थी
ताल पाते ही
नाचने लगी
नंगे पैरों से
मैंने एक नज़र उसके आधे दीखते चेहरे पर डाला
उसकी आँखें बन्द थीं
एक मरोड़ उठी उसमें
उसके कूल्हे तड़प उठे रति-मग्न लय में
सम्मोहित वशीभूत
अपने संग नृत्य की
भाव समाधि में
बेसुध अपने गिर्द जमा होती भीड़ से
वह अपने पास खड़े युवक की माँ भी हो सकती थी
जिसने उसके कपाल पर हल्दी लेप दिया था
भय और श्रद्धा से
कि जैसे वह खुले में सबके सामने
अपने ईश्वर से सम्भोग कर रही हो
वह स्त्री धरती थी
साकार और सम्पन्न
और वह ईश्वर का भाव थी
देह के सृजन और उसके उत्सव का
वह हर वो स्त्री थी जिसके साथ मैंने सम्भोग किया था
पहली बार
ईश्वर की इस अथाह सांसारिक कामेच्छा में
वह चमक थी अवतरित हर वासना की
दहकती हुई उगते सूर्य सी
मेरी श्वास उसके नृत्य में शामिल थी
और मैं काँप गया ज़मीन पर उसके गिरते ही

दौरे की हालत में और दण्डवत पड़ा रहा
पूरी तरह निचुड़ा हुआ

मेरा गला सूख रहा था
मेरी आँखें बह रही थीं
हल्दी की धूल से
जो ईश्वर आशीर्वाद सा बरसा रहा था उस पर
मैं उसका साक्षी था
प्रेमी नहीं
मैं क्षुद्र किया हुआ आदमी था उसके समक्ष
जो लौटेगा शहर
एक छवि के साथ
जो सतायेगी हमेशा ही
उसे जिसे हिम्मत नहीं कि घुस सके उस जादुई घेरे में
उसके भाव प्रबल सम्मोह में

इसके बाद
क्या मैं छल सकता हूँ अपने ही अनुभव को
एक कविता लिखने की ख़ातिर?

6.
मैं स्मरण करता हूँ अपने ही वे क्षण जो लाँघ गये थे जड़ सीमा को

नहीं, रिल्के के वे ऊँचे पेड़ नहीं जो श्रवण से उगते हैं
अक्तावियो पाज़ का स्फटिक विलो वृक्ष भी नहीं
बल्कि, वह कड़वा नीम वृक्ष मेरे बचपन का झूमता हुआ लपलपाती गर्मी में
छोड़ता एक भरपूर गन्ध अपने सितारों जैसे पत्तों और तारिकाओं जैसी बौरों से,
एक महक जो एक पकी ख़ुशबू में बदल गयी कैशोर्य में
और एक अलौकिक सुगन्ध बन गयी उम्र के साथ,
उस स्त्री की गन्ध जिसके साथ मैंने सम्भोग किया
जब दोपहर साँवली हो गयी थी, आनन्द से गीली होकर कामना के तेल में पगी,
सहजता और तनाव में और जब परदे खिंची पलकों से छनती हुई रोशनी का रस लेते रहे
अगले अंकित दिन का, कभी नहीं लौटने के लिए,
एक लड़की फूट उठी लहरों में जो मेरी अँगुली से फिसल गयी,
और, सम्मोहित, मैं स्वाद लेता रहा अपने हृदय-भंग का,
समय और अवकाश की भग्न नसों का।
हमेशा ही सिर्फ़ मैं था जो उठा

प्रेम के स्वप्न और दुःस्वप्नों से अनुत्तेजित,
एक जाग्रत आवाज़, जो रोशनी है शून्यता की
होने के अन्त पर और उसके आगे भी थोड़ी सी
जो है एक अथाह, नक़्शाहीन चुप्पी

जब धड़कन बन्द हो जाती है और विश्व अपना हृदय खो देता है,
हम सब ठहर जाते हैं शान्त क्योंकि वह 'अन्य' अब और नहीं होता
प्रेम यही शिक्षा देता है क्योंकि वह
चाहने के अन्त तक कभी नहीं पहुँच पाता।
अन्त में वह ईश्वर ही है जिसकी बलि दी जाती है
मनुष्य उसका खोया हुआ भवन है।

यह रोशनी के बारे में नहीं पर अन्तिम साँस की सूक्षम्ता के बारे में है
यह अँधेरे के बारे में नहीं पर सब कुछ देख लेने के उस क्षण के बारे में है।
यह मृत्यु के बारे में नहीं पर शुरुआत की स्मृति
या स्मृति की शुरुआत और ढाँचाबद्ध समय के बारे में है।

मृत्यु जो छन्द शास्त्र लिखवाती है वह अपने छन्द में धारण करता है
हर अनुभूत लहरी के कोमल बहाव को,
रीढ़ में कम्पन, दिमाग़ में विद्युतीय कौंध,
दर्द जो खिड़कियों को चूर कर देता है और गिरा देता है दरवाज़ों को
जिन पर हम उम्र भर खड़े रहे।
दिलीप चित्रे मर गया यहाँ उस सोमवती अमावस्या को
हल्दी की धूल के बादल में।

7.
उसके लिए कोई शोकगीत मत गाओ
जो सभी गीतों की सीमा लाँघ गया
हल्दी की धूल के बादल में।
बाद उसके सारी धूल निथर जाने दो।

***

कोई चाँद नहीं नदी में
कोई चाँद नहीं
तुम्हारा प्रेमी है यहाँ पर हल्दी की चमक में
सवार अपने चमकीले घोड़े पर

वह शिकारी
जीत लेता है साँवली सुन्दरी चरवाहिन को
वह लौट जाती है उसके साथ सवार हो
जंगल के सातों परदों के पार
उसके सपने सच हुए
और ईश्वर लौट जाता है
देखो उसे प्रतिबिम्बित
अपने सात करोड़ भक्तों के चेहरों पर
अपनी हल्दी की चमक में
सूर्य ब्याहता है अनुपस्थित चाँद को
मैं स्मरण करता हूँ तुम्हारा और तुम्हें बुलाता हूँ
नदी पर
आओ बहें
सदा के लिए

महामन्त्रोच्चार

('महामंत्रोच्चार'; एकूण कविता 1, पृ. 47)

छिलके छिलके अलग होते जाते हैं
मानव की स्वतः निर्मित सतहों के
चरित्र की महीन झिल्ली के नीचे होता है निर्मल चरित्र का जल
और शब्दों के आकार में स्वयंभू प्रकृति के हस्ताक्षर
अलग-अलग होते जाते हैं सारे आरोपित अर्थ
और वह पानी जैसा लगातार बिन सीढ़ियों का भीगापन
तल तक और तल से भी गहरे परमेश्वर सा
शब्दरूप हमारे अस्तित्व का
रहता है अबाधित प्राप्त होने या नहीं होने के बावजूद भी
वही ढूँढ़ता-ढूँढ़ता मैं डूबता जाता हूँ अपने शुद्ध में
क्षण-क्षण घुलते जाते हैं इस एकात्म घटना के
सम्पृक्त द्रव्य में कुछ भी अलग नहीं किया जा सकता।
हो ही नहीं मानव का मानव निर्मित पुराण
हो ही नहीं उसका धारण किया हुआ अच्छापन
हो ही नहीं उसका आत्मविरोधी तर्क
घुल जाएँ उसकी बुद्धि के अभेद्य कक्ष
एक नयी लचक से थरथरा उठे
उसके अस्तित्व का तरल आत्म
प्रेयस ही प्रेमी है

जिसका न समाज न काल
न प्रदेश न इतिहास न भविष्य
जिसका न बैरी न अबैरी
न गुरु न शिष्य न पोथी न परमेश्वर
जो अपरम्पार अवकाश रहित सरल
जो जीवन्त सरल है विरल तरंग
आत्म में मिला हुआ
सृष्टि में और सृष्टि से परे

जिसकी दृष्टि खुलती है
उसे ही खोजता मैं डूबता जाता हूँ अपने शुद्ध में
हर तरफ़ भाषा ही भाषा खुलती जाती है
फिर भी मुझे देर लगती है डूबने में अपने भीतर
इस बाहरी भाषा का ख़ूनी आत्मघाती कोलाहल
इस हिंसक और रंडीबाज अहंकारी आत्मश्लाघा के
दस हज़ार वर्ष के बाहर कोई जगह ही नहीं है सोचने की
समकालीन यातनाओं में उलझी हुई यह जाति
असंख्य लोग फँसे हुए संख्या के मशीनों में
मेरा अब तक का सारा जीवन बनता जाता है रातोंरात
मुझसे अलग एक भयानक स्वप्न

मैं रहता हूँ बाग में बेंच पर बैठा हुआ
मैं भटकता रहता हूँ रानी के बाग में पिंजरे देखता
मैं रेलवे स्टेशन पर अकेला चाय पीता हूँ
मैं धुन्ध में पुल से जमी हुई नदी को देखता हूँ
मैं आदिवासी महिलाओं की क़तार देखता हूँ
शहर में निर्माण के लिए सर पर घड़ा उठाये
मैं अफ्रीका में, यूरोप में, अमेरिका में देखे चेहरों को याद करता हूँ
एक अजीब से शहर में चलता हूँ मैं
पालकी और जात्रा, पहाड़ में देव
बरगद तले बैठे धूल सने लोग
कीव और मॉस्को की उम्रदार औरतें
शिकागो और लॉस एंजेल्स के अश्वेत बेरोज़गार
और जवान चिकानो रंडियों को देखता हूँ मैं
बुडापेस्ट के राकोशी चौक पर खरीदता हूँ मैं
एक अधीर चुम्बन
फ्रैंकफर्ट के चोर बाज़ार में मैं खोजता हूँ मेरी
माप के बूट
पौम्पीडू सेण्टर के बाहर मैं देखता हूँ नट और जादूगर
और डोंगरी में ठेके पर मैं पीता हूँ आधी बोतल रम
अँधेरे में एक अविवाहिता की जाँघ को हाथ लगाता हूँ
भरी दुपहरी के एकान्त में एक उत्सुक किशोरी को बिठा लेता हूँ जाँघ पर
एक लाचार विधवा का शाम को लेता हूँ चुम्बन
एक उपलब्ध तरुणी को ले जाता हूँ गली के होटल में
अपनी पतिव्रता पत्नी को नियमित भरता हूँ बाँहों में
चौरासी आसन में करता हूँ मैं अपनी कुल ग्यारह महिलाओं के साथ

मैं नियमित और सहज ही ले सकता हूँ
ब्रह्मानन्द सहोदर जिसे कहते हैं चरम सुख प्रकृति का
मैं पढ़ सकता हूँ संस्कृत और ग्रीक नाटक
भारतीय भक्तिकाव्य और यूरोपियन कविता
देख सकता हूँ हिन्दू और बौद्ध प्रस्तर कला
कैथीड्रल्स और पगोडा
रेम्ब्रां, वेलास्क्वेज, एल ग्रेको, ब्रौयगल
सेजे, ग्री, शागाल, क्ले, रौथ्को
पढ़ सकता हूँ वायलिन, तुकाराम, ह्यल्डरलिन
ब्लेक ब्लॉक रिल्क बोद्लेअर अल्बेर्ती लोर्का
कबीर हुआन द ला क्रूज यीट्स ऑडेन
देख सकता हूँ और सुन सकता हूँ
बाख, रहिमत खां, चार्ली पार्कर, मॉन्क, कोल्ट्रेन
पी सकता हूँ हर तरह की शराब
खा सकता हूँ भांग मेस्कलीन मैजिक मशरूम
फूँक सकता हूँ तम्बाकू चरस गाँजा अफ़ीम
खा सकता हूँ अनेक प्रकार के मांस, फल और अनाज
इसीलिए पाता अधिक कठिन डूब पाना अपने शुद्ध में
धुन्ध आती है अपने आप, धुन्ध हमारे पीछे-पीछे आती है
हमारे आगे चलती रहती है धुन्ध पूरे रास्ते
धुन्ध साँस छोड़ती है हमारी गर्दन पर उसके नाख़ून धँसे होते हैं हमारे गले में
धुन्ध फेफड़ों में भरती है धुन्ध सिर में घुस जाती है
धुन्ध बहने लगती है ठण्डी रक्तवाहिनी में
धुन्ध गाढ़ी हो जाती है यथार्थ में धुन्ध घुस आती है हमारे सपनों में
और हमारे पैर बूटों में नहीं मिलते हैं
बर्फ पड़ने लगे तो बर्फ़ पड़ती ही रहती है
रास्तों पर, दरवाज़ों के आगे, खिड़कियों-दरवाज़ों के पीछे मन में
हवा बहने लगे तो बहती ही रहती है हवाओं में हवा
मिलता नहीं है आवर्तन का सम हवा बहने लगे तो
सप्तक के उठने गिरने में दसों दिशाएँ खुल जाती हैं
हवा आती है मन से हवा जाती है ऊपर से दिमाग़ के
हवा घुसती है विचारों के फटे पर्दों से
हवा कसती है तारों को हवा तानती है तारों को
हवा गूँजती है चीखती है कराहती है घुमड़ती है
हवा उड़ती है ध्वनि के नीचे से तान की तरह उछलती
हवा बिखेरती है पत्ते और पत्तों में बर्फ़
हवा आती है धुन्ध से क्लोरोफ़ोर्म से हर तरफ़ से

ब्लैंकेट में नग्न हम एक-दूसरे को भींचते हैं
इन्द्रियों से इन्द्रिय लपेट कर त्वचा पर त्वचा घिस कर
क्रोध में और कोमलता में, वीर्य में और रजोस्राव में
चिंगारियाँ बरसाते पत्थरों की तरह देह से देह रगड़ते हुए

एकान्त के भय के बादलों के घुमश्चक्र में
जीवन बचाने के लिए धुन्ध से बर्फ़ से
वर्षा से और ब्रह्माण्ड के ऋणोंगुण से
झपटते हैं लड़ते हैं चढ़ते हैं होते हैं ऊपर नीचे
ऊपर नीचे अन्दर बाहर गीले गीले गरम गरम
आपस की देहों में नाख़ून धँसाते खरोंचते छुअन से छुअन को
चूर करते एक-दूसरे को गाड़ते ख़ुद को एक-दूसरे में
बरगद पर छुपे हुए घोंसले पक्षियों के
सुबह की ताम्बई किरणों में चहचहाती
घरों से उठते चूल्हे के धुएँ की महक हवा में
पारिजात की महक में घुल गयी
वही खोजता खोजता मैं डूबता जाता हूँ शुद्ध में
दोपहर के वक़्त ऊपर एक कमरे के एकान्त में
अरेबियन नाईट्स पढ़ते हुए

हाथ में बेंत की छड़ी लिए क्रूर जेसुइट
कुलियों को सड़ासड़ मारता रहता है
बर्लिन रेडियो पर समाचार सुनता हिन्दुत्व का नायक
हिटलर की चढ़ाई की तारीफ़ करता है
हमें क्या मालूम पोलैण्ड का क्या हुआ
एक बार हिटलर ने ली उसकी एक बार स्टालिन ने
या फिर आउशविट्ज़ सायबेरिया का
सूक्ष्म अन्तर
यह समझ में आया लेनिनग्राद जाते हुए
आगगाड़ी के डब्बे में रात में उसे बाँहों में भर कर
युद्धकाल के अपने बचपन की बात बताते हुए रोती रही वह
मैंने पढ़ा है मान्देल्श्ताम स्वेतायेवा
पास्त्येर्नाक आख्मातोवा युन्ना मोरित्ज
ब्रॉडस्की कोर्ट रूम में खड़े रह कर नंगे सिर
मैंने पढ़ा है लुबियांका की प्रसिद्ध इमारत को
मैंने देखा है कीव का प्राचीन भूमिगत चर्च

और उसकी सुरंग के पत्थरों में अँटे पवित्र भिक्षुओं के कंकाल
यही होगा अर्जेंटीना में ब्राजील में यही होगा
यही होगा नाइजीरिया में ईरान में यही होगा
भारत में पाकिस्तान में श्रीलंका में वही होगा
थोड़े बहुत फ़र्क़ से अमेरिका में भी होगा यही
मशीनों में उलझ जाएँगी मशीनें, मशीनें ही मशीनें
महा मशीन फैलती जाएगी जंगल खाती हुई
इस ग्रह पर ग्रिड डाल कर एकछत्र राज करेंगी मशीनें।

बीसवीं सदी के स्वप्न मुझसे अब देखे नहीं जाते
मेरे छियालीस वर्षों में धीरे-धीरे उगे जो जंगल
नारायण से और कोमल ऋषभ की लालिमा और अनोखापन लिए
उपनिषद् और राग तोडी के रंगों में ललित की छटा लिए
वेदों की तरह और लिंग के प्रथम उठाव की तरह
यह अमोघ उठाव मैंने भोगा है सदी के रोगों के पार जा कर
इतिहास के पैरानॉइड विश्वअहं के पार जा कर
ज्ञानदेव की ओवी की तरह जीवन्त और लचकदार
जिससे स्थिर आनन्द के रिसने सी भाषा समझ आती है अपने आप
मैं देखता हूँ मन को जिसने निर्मित किया है परम मन मन के पार जा कर
मैं सुनता हूँ अँधेरी कालिमा में राजहंसों के पंखों की फड़फड़ाहट की सफ़ेदी

खोजता-खोजता मैं डूबता जाता हूँ अपने शुद्ध में
वह अनादि महामन छवियों से अपना विस्तार खोलता जाता है
उस आत्मरचनाशील चिति के विलास का जो सत्य असत्य के परे है
भाषान्तरण के भाषान्तरण के भाषान्तरण में प्रभाषा
आमूल आत्मरचनाशीलता की उन्मत्त अनियन्त्रित विलास लीला
कण्ठगत ऊर्जा की लम्बगोलाकार तान
कहें पठार पर देखा हुआ नैतिक भू-प्रदेश
सदानन्द का जयघोष नारियल-हल्दी बरसा कर
पत्थरों और नागफनी के फूलों के बीच
पहाड़ पर चढ़ कर पाया तीव्र आत्मज्ञान
छिलके-छिलके अलग करके कथानक के पृष्ठ से
पानी जैसी पूर्ण देखी हुई पारदर्शी कविता
पीठ फेर कर पुनः स्वतः निर्मित किया गया जगत
केवल नियमों की गहरी जाँच से ही मिलता है पूर्व नियम
चट्टानों और दरारों से चढ़ती बकरियाँ और बेलें
खाट की और रहट की आवाज़ों का सूक्ष्म लय

लाइट्स कैमरा साउण्ड एक्शन का हुक्म
कानों और आँखों में एकाग्र अनुभव
काट कर जोड़े गये फ्रेम्स वाइड पैन शॉट्स
मींड की तरह टिल्ट एक क्लोजअप नाभि जितना बड़ा
सूर्यास्त सा लांग शॉट रहस्यमय प्रकाश में
मोमबत्ती की हिलती हुई मन्द रोशनी में खुले हुए होंठ
विरक्त और आर्त प्रेम की नॉन-इरोटिक ताल
और मनुष्यों की भीषण ट्रेजेडी खुली बंजर ज़मीन पर
उजड़ी इमारत की अटारी पर क्षणिक स्वर्ग
निर्जन एकान्त में भी दरवाज़े खोलती बन्द करती जेल
मनुष्यों की भयानक आत्मच्युति और वंचना
प्रकृति और शहर के दरम्यान
निर्मनुष्य प्रदेश में धूप की तरह बढ़ता है
बियाबान के फैलाव में आदिम नियमों का भय
और उसके विरुद्ध सारा आनन्द
बेकाबू हुई जा रही है यह कविता और यह सदी
हर ओर बढ़ते कम्प्यूटराइज्ड पद्य
और प्रायोगिक गद्य
नाक और मुँह में रूपवाद की नली
नसों में घोंपी गयी है आशयवाद की सूई
नर्स, नर्स मुझे अपना स्तनाग्र दिखाओ
ई सी जी के स्क्रीन पर मेरा हृदय धड़कता दीखता है
एक्टोपिक लय में अति विषम स्पन्दन में
गुप्त रूप से परम्परा की ओवी सँभालता हुआ
डॉक्टर, डॉक्टर मेरी कविता सुन लो
अपना हार्ट फेल हो जाने के पहले
जाओ कम से कम एक बार
उस पार चले जाओ सातों समुद्र के
अपने आत्म के अनन्त प्रदेश में
जहाँ छिलके छिलके अलग हो जाते हैं
पाप-पुण्य के और अलग हो जाता है पका हुआ घाव निष्ठा का
उसके भीतर के घाव में गहरे डूबता जाता हूँ
बुद्धि अपनी छोड़ता शुद्ध अपना खोजता।

शक्ति की प्रार्थना

('शक्तीची प्रार्थना'; एकूण कविता 1, पृ. 21)

उलट कर चक्रमय रात्रि की स्तब्धता
खोल दो स्वर्गिक तेज के मकबरे
एक बार मांस दे चुकी ऐ ठण्डे स्तन की लड़की
गुप्त मौन जल के गहरे तल सी एक बार सम्पूर्ण हुई
स्त्री,

आओ,
इन
अस्त हो रहे बाहुपाशों में
उलट दो
यह अवाक् प्रकाश
स्रवित करो
अन्तिम काला तारा
गर्भाशय खोल कर
समेट लो अपने भीतर
एकात्म हुई
सांसारिकता की
इस शान्त अग्नि को
खोल दो फिर
उन नक्षत्रों के ज्योति चक्रों को
जिनसे उगा है
मेरे अस्तित्व का
ग्रह
उलट दो, उलट दो
अपने अंग के
मौन उभारों को
मेरे अंगों पर
धड़धड़ाती आओ मुझ पर

ऐ दुर्दम्य अग्नि
झुको मुझ पर
मेरी देह चाहती है अन्तर्देह की
भस्म
बहा ले जाओ अपने प्रवाह में
मेरी त्वचा पर
स्पर्शों से उगे वे लाखों प्रश्न चिह्न
आओ और मुझमें ही
करो अपने
दुर्बोध प्राणों का विस्तार
ऊर्जस्वित करो
मेरे अँधेरे शून्य, मेरी तनी रीढ़
और मेरे स्वःस्फूर्त लिंग को
ऐ चक्रों में उठने वाली, विलक्षणा
बाढ़ सी उतरो मेरी झुकी देह में
प्रलय के खुलते
आनन्द में
मेरी नाभि में स्फुरती
ऐ द्युति की घिरनी!

आओ,
आ रही हो तुम
मेरे थरथराते अंगों में
उगते हैं
रोमांच के गन्धर्व
मेरी त्वचा की
असंख्य माटी से
आओ,
आ रही हो तुम
फैलती उमड़ती
लहरों पर

चप्पुओं को
बुझाती
प्रचण्ड निःशब्द
मेरे अस्तित्व की

निगाह
बन्दरगाह
सबमें व्यापती
मैं सुनता हूँ समुद्र के
कुण्डी तालों को
खुलते हुए
मैं सुनता हूँ ताल की
बेड़ियों को
टूटते हुए
मैं सुनता हूँ अपनी श्रवण शक्तियों से फूटते
अमानवीय नाख़ून
दमकते नगाड़े
लंगर घुलने का
धीमा ताल

मैं सुनता हूँ
तुम्हारे झनझनाते पैरों को
अपने विजित मस्तक में
मैं सुनता हूँ
मौन फासले
पानी के स्थिर प्रवाह
प्यास के चरम में
चमकती
तुम्हारी एक आँख
और मृत्यु-सम
स्वर्गान्ध नृत्य
धीमे ताल में

आओ,
आ रही हो तुम,
मेरी हर तरफ़ से
तुम उमड़ती हो भीतर से
तुम घेरती हो बाहर से
मेरी सूखी नसों में
उतारती हो चरम बरसात

अलक्ष्य
निरंजन

ये धन, इंधन
ये सुलगते हुए
जन्मों जन्म के ऋण
ये पश्चगामी पल
ये आगे बढ़ते प्रहर
अब चल पड़े
दौड़ पड़े
सभी इच्छाओं की
ख़तरनाक ढलानों पर
तल तक
सीधे
जहाँ है सिर्फ़
तुम्हारा उजला नाच
और उसकी अगाध आँच
थय थय
तक थर थय
दुर्दम्य धीमी
ताल

आओ, आ रही हो तुम
आदिम अदम्य अनारम्भ
संचरित
द्रुत पैरों से अकथ
मकई के लावे
फूट रहे हैं

आओ, आ रही हो तुम
हो चुका है तुम्हारा
दारुण
आरम्भ
क्षितिज फोड़ कर
उभर रही है तुम्हारी
मूल गाँठ
मेरे मष्तिष्क में

ये नाड़ियाँ अब
ध्वस्त हो रही हैं
ये दृश्य अब
दोयम दृश्य हैं
तुम्हारा अमर
अश्लील बीज
दुर्बोध कली का
तोड़ रहा है
हर पंखुड़ी की लय
निर्वस्त्र करता फूल को
प्रकट करता
उन्नत
नग्न
नृत्यमय त्रिशूल

मैं भी अनावृत करता हूँ
यह मर्त्य शरीर
खोलता हूँ
अपने मकबरे का थियेटर
विस्फारित देखती हैं
मेरी आँखों की
रोमन घड़ियाँ
मेरी जाँघों के
बीचोंबीच उग रही
गुप्त सरस्वती
मेरे नाक
गन्ध बेधते हैं हर तरफ़
छाँटते तुम्हारी गन्ध
मेरे पेट में
तरंग उठती है
उग आता है मेरा
सम्पूर्ण ललाट
एक लय में
आकर्ण
हिरण्यगर्भ
पिघलता है
धीमी ताल में

आओ, आ रही हो तुम
बज उठती हैं नसें
आसुरी हवा में
विच्छिन्न करता है मुझे
तुम्हारा एक एक तोड़ा
एक एक मर्म बिखरता है
तुम्हारी ताल के आघात पर
यह पुरुष मुझमें
तीव्र तार पर तने कपास सा
धुन दिया जाता है

तुम चाँदनी की उत्तुंग
बादल-शिला
हहराती उतरती हो संसार पर
चूर करती काले
अतिवास्तव मिट्टी के भाँडे
तुम नाचती हो
काले होते पैरों से
धीमी ताल में

आओ, आती हो तुम
छुम् छुम्
छन्नक
छिनाल
नतदृष्ट पायल
किसने की रक्षा मेरी खोपड़ी की
जब चढ़े हुए दिन में
अज्ञान के लगे ढेर में
दोपहर के पूर्ण फ़र्नीचर तले
हमने अंग में मिला दिया था अंग?
किसने उगने दिया
मेरी सूक्ष्म आँखों को
जब सारे शहर
उलट गये थे?
किसने सम्हाला

मेरे अंडकोष को गुरुत्व के बीच
उन पाशवी घर्षणों में?

किसने खोजा
भूखे पेट में
अनादि आह्लाद?
तुम मेरी कलम की
पहली और अन्तिम
हल रेखा
तुम मेरी ज़िद का
सिलबट्टा
तुम उदय तुम अस्त
मेरे मध्य में शान्ति का
तुम मेरी
आत्मघाती छलाँगों का
अतल कुआँ

आओ, मैंने तोड़ दिया है शाखों को
मैंने समेट लिया है
अपनी गतिमान जड़ों को, आओ
मैं हो चुका हूँ जीवन्तता का
मूक कुन्दा
चला दो कुल्हाड़ी इस पर
इसे सींच दो
लात मार दो मेरी
ईर्ष्या के कगारों पर
इस एकमात्र
कमण्डल को
फोड़ दो कटोरी
मेरी इच्छाओं की
रौंद दो मेरे बोध के
व्याघ्रचर्म को
खींचो मेरी
यातना की जटा
गाड़ दो मुझे
अपने विराट

अँधेरे स्त्रीत्व में
धीमे से।

मेरा अंग-अंग पीपल-पीपल हो गया
त्रिलोक की भ्रमिष्ट हवा बहती है
आओ, स्मृति में तालियाँ गड़गड़ा रही हैं

उलट कर चक्रमय
रात्रि की स्तब्धता
खोल दो स्वर्गीय तेज़ के
मकबरे
मूक और गुप्त जल के गहरे तल में
एक बार सम्पूर्ण हुई
स्त्री :

सुनो कड़कड़ा कर टूटती इन शाखों को
मेरी प्रज्ञा के उजले घाव
देखो मेरी इन्द्रियों की भयंकर अफरातफरी को
सूँघो फूट कर खुलते इस कपाल को
चखो मेरे चरित्र के चूर्ण होने को
छुओ मेरी त्वचा से खुरची हुई
अनुभवों की पपड़ियों को
रद्द कर दो इस मूक मछली को
संहार कर दो देह के इस पशु का
रौंद डालो खुले हुए इस फूल को
मुक्त कर दो यह पक्षी
अपनी सम्मोहित उड़ान में
बिखर जाने दो उसके पंख
अपनी खोह में

दुर्दम्य दुःस्वप्नों से उठता है दावानल
फुँफकारती आती है लपट
और भस्म होता है
जागृति का छोर
ख़त्म कर दो अब
देह में पगी स्वामित्व की
वह अनन्त अन्धी खोज

ख़त्म कर दो अब
इस अँधेरे और रोशनी को
काट दो अब सांसारिक गाँठों को
मेरी हर अँगुली के हर जोड़ में
उधेड़ दो अब अज्ञान की इस चमड़ी को
जिसे मेरी देह ने पहना है
ढाह दो अब मेरी अंतड़ियों में
वर्षों से बढ़ रही उग्रता की इस बाँबी को
अब इस हार्दिक विवेक का
करो जीर्णोद्धार
जलाओ मुझे अपनी विक्षिप्त धधक में
मुझे माँड़ो अपने प्रक्षेप के पैरों तले
बहा डालो अपने प्रलयी जल में मुझे
उछाल दो अपने उद्दण्ड घुमश्चक्र में
गोंद डालो मेरी देह पर अपने चमत्कार की सफ़ेद सूई से
सहन शक्ति से परे वह अमोघ नक्षत्र

खोल दो
मेरी पाँचों इन्द्रियों को
अपनी थय थय के
बेदम सम पर...

प्रतीति इससे पहले भी थी
पर कम थी :
अचानक उग गये
किसी रास्ते पर
अकेला
सदा भूखा आदमी :
इत्र सी तीव्र
और अनधुली आँखों की
अकेली स्त्री :
मध्यरात्रि के मर्क्युरी प्रकाश में
हॉस्पिटल के विशाल गुम्बद तले
अस्वस्थ तलवों के मेरे बूटों से होती चिर्र-चों की आवाज़ :
जलती हुई दारू की उल्टी :
पानी में खिले हुए पारिजात

और थरथराते अंगों में सुख का उमड़ता आवेग : जैसे
लाखों भ्रमर हों मेरी लहराती देह में :
मैंने देखा तुम्हारा उद्दीप्त अँगूठा
दहकता उलटती चौखटों पर
और फिर
उठता हुआ अपनी दमक में
एक प्रकाश सब कुछ लीलता हुआ

मैं घबराया
उस झटक
और तुम्हारी लय के इशारों से
और इस बीच
तुम्हारा हल्का पाँव
हँसी के और विलीन हो जाने के
उजाले में बदल गया...

आओ अब
सीधे
अब हम मिलते हैं
आमने-सामने
अब हमारी आँखें
उतरती हैं एक-दूसरे के भीतर
अब हमारे चहरे
बन जाते हैं सिर्फ़ झूले
अब हमारे
अस्तित्व का मूल खुलेगा
तुम्हारे अनारम्भ
अँगूठे तले

उलट कर स्तब्धता
इस चक्रमय रात्रि की
खोल दो मकबरे
स्वर्गिक तेज़ के
आओ, ऐ स्वर्गिक स्त्री
मेरी बाँहों के सूर्यास्त में
डूब जाओ।

देवी

(एकूण कविता 1, पृ. 181-206)

दिन रात की देहरी लाँघने के लिए
नहीं होती है : अब मैं यहाँ पर यहीं
दोतरफ़ा हो चुका हूँ

(आयोवा सिटी, आयोवा
मई-जून, उन्नीस सौ सतहत्तर)

1.

पथरीले होंठ खोल कर तुम्हारे
देह की शिला खुल गयी दो फाड़
बंजर कामशास्त्र से उगा
नाहक शिल्पों का प्रकाश
इस नंगे चौराहे पर जहाँ
इतिहास से बाहर जाता आम रास्ता
जगमगाती दुकानों पर डालता है
सर्राती हवा का तेज़ घुमाव वहाँ
रातोंरात उतार कर यह घाघरा घनघोर
टपकाया तुमने बारिश सा पाँव
उड़ेला पानी की जंघाएँ
पथरीले होंठ खोल कर
पथरीली डंठल से
उगाया तुमने एक निर्भर फूल
मुँह के बल लेटा ज्वालामुखी
एक शान्त सरोवर
लहरों का गुच्छा
पीठ तले सुबह
विराट होकर थम गया
इन्द्रियों का रहट
उगी काली गूमड़ें

अंग-अंग पर
देवल
जन्म-जन्म के पत्थर
खोद कर पाया गया
यह विषण्ण श्रीयंत्र
हवस से
निरवयव होता जाता है तेज़ी से
नंगे चौराहे पर
ट्रैफ़िक के बीचोंबीच
निश्चलता का स्तनाग्र
नाभि में खोंसी गयी अगरबत्ती
स्याह नारियल फोड़ कर
प्रकट हुआ उजला गूदा
साँसों में घुस आया गुलाल
आलिंगन से झर झर बह
आया सिन्दूर
अब
चमड़ी और बालों के इस
अवशेष में चुनूँ क्या मैं
निरंजन शब्द?
मेरा घण्टनाद
सघन हो रहा है
और स्तब्ध
इस पथरीले अंग की
आदत डाल कर
या जीभ ही खोद कर
और कौन-सा विकल्प खोजूँ यहाँ
जहाँ देह का हस्ताक्षर
सूखने से पहले ही
अदृश्य हो जाती है
स्याही।

2.

घास की नख फूटती है हर तरफ़
खुलती हैं पानी की आँखें
ज़मीन की जंघा पर आते हैं
वेदना से परे घुँघराने वाले

अश्लाघ्य रोमांच

तत्परता के सीधे सरल वृक्ष
सकारण पल्लवित होते हैं
शाखाओं के वाक्य होते जाते हैं कठिन
जड़ें चुभती हैं प्रत्येक सुख को

सौ-सौ शम्भु निनादते हैं
अब मेरे विश्वम्भर शरीर में
क्षण मात्र हँसते ही
चमकते हैं कल्पान्त के दाँत

यह हथेली यानि होलिका जली हुई
पर हम तो पैदा ही हुए मलंग

किर्र किर्र नक्षत्रों के असंख्य झींगुर
गाते रहते हैं हमारे रक्त में

3.
अन्तहीन सुरंगों में
अद्भुत हो जायेंगे दुःख
कीचड़ों के कीचड़ में
मैं हो गया सहस्रदल

यह ऋण उतरने वाला था ही नहीं
नहीं छूटने वाली थी यह विकराल पेंच

भूमिगतों की भाषा में
ग़ायब हो जाती हैं खनिजों की नसें

अनगढ़ और आईना हीन
जग पर महान गिरगिट राज कर गये

उस अरण्य की तुम देवी
तुम जगदम्ब सुरंग

4.

मृत्यु चटचट चूमती है सब का मुँह
मेरे मुँह पर है उसका अशप्त गीलापन

अपने गर्भ में लगाई है मैंने अँधेरे की बेल
अप्रकट रात्रि में क्यों जलाऊँ दीप मैं?

बंजर हुए कानों से
निकल गया षड्ज

गँदले गीतों से छन कर
मुक्त हुआ स्वर

निवृत्त हुई आँखें आकाश की आरती उतार कर

लम्बी नींद के बाद आने वाली
सूजन आनन्द की

सूई सरीखा
कितना मैं सूझ

साथ तुम्हारा सतत सूई धागा

अधर में टँगा हुआ रिक्त प्रपात
ऊँचा बहुत दूर हुआ झूला

मूक चरती हुई दुधारू लोरी तुम

5.

मुझे दिया है तुमने
मेरी क्षमता से परे यह विष डंक
यह गगनविहारी दंश
कि विष के भीतरी विष में अब
मगन हो गया जन्म

भोगा चालीसेक वर्ष
भाषा और नक्शे

ऐसी वैसी औरतें
नरक के खाली पन्ने पर
दर्ज हुआ जो मैंने लिखा ज़हरीला अक्षर

पाप से पुण्य तक
धीरे से गिरा पुल
इस विष डंक का
शुद्ध-अशुद्ध कुछ भी नहीं था इस शोध में

अपने स्वाभाविक विष से
पोसा है मैंने इन सबका तीव्र भान

6.
जगतव्यापी
                    मेरी नाल
टूटी वहाँ जहाँ तुम
                    भैरवी
ये श्रुति के छिद्र
खुद ही बन जायेंगे
और हो जाऊँगा
                    बाँसुरी अब
पीते हैं तुम्हारे भक्त
हर वस्तु का
                    रक्त

मन ही मन पूज उस मूल अघटना को

और मैं जानता हूँ
गले का यह हार रह जायेगा तरोताज़ा
सड़ जाये अगर
                    गला तब भी

7.

अटलांटिक पैसिफिक बजी बूँद
मेरी झाँझ से झंकार उठा जग
तब भी दिख न सकी तुम्हारी तीव्र नासिका

दिखा सिर्फ़ तुम्हारी नथ का तेज़
दिख न सका तुम्हारा मुँह
हृदय में सिर्फ़ बसी तुम्हारी स्मिति
तुम्हारी कर्णपाली रह गयी अदृश्य
दिखा सिर्फ़ दोलन तुम्हारी कुण्डल का
हाथ नहीं आ सका तुम्हारे स्तन का खगोल
आँखों में सिर्फ़ कण गया उस स्तनाग्र का
खुल नहीं पाया तुम्हारा दुर्बोध त्रिकोण
नहीं अनुभव कर पाया तुम्हारी अनारम्भ जंघाएँ
सिर्फ़ पेट में पड़ी खड्ड
जिससे बहती गयी तुम्हारी
सतत पलटती गीति
निर्वाण की यह नदी
सात समुद्रों के उस पार की तुम्हारी ओवी

8.

निष्पाप त्वचा पर गुदवा कर
क्षमता से परे कोई विश्वचिह्न
अनाथ आश्रम में हम बजाते हैं
अनगढ़ बाजे

देवी, इस चेहरे पर
रहें हमेशा तुम्हारे दाग
टूट जायें मेरी यात्रा की चप्पलें
छाले पड़ें इस पाँव

मिले ना मिले हर दर भीख
झोली में रहे सदा यह बहि
जीवन भर जुड़ी और निरक्षर

हर दिन नयी चौखट भटकूँ
मैं अतिथि अक्षम्य

9.

पूर्वानुभव की पपड़ियाँ झरती हैं
गिर जाती है जन्म की दीवार
संकोच से सघन होती हैं भीतर की ईंटें

नियम-रिवाज से परे तुम्हारा चूना
साबुत रखता है मेरी गठन
इस घर का हठी प्रयास

नींव से खुदता जा रहा है
अब मेरा अस्तित्व भले ही
मैं जितना अभागा उतना ही अपूर्व

मात्र यह आत्मा नहीं
किरायेदार गीता वाली
यह अंग मेरा बरामदा ओसारा यह मन

इस वास्तु में अन्त तक रहता नाग हूँ मैं
यह, जो दिया है तुमने आस्था सन्देह

10.

तुम्हारे कल्लोल के कूल्हे हाथों में भींचे हुए
मैं आऊँगा लपकते हुए
झकझोर कर हिलाऊँगा अस्तित्व का आधार
लिपटूँगा तुम्हारे कन्धों से
चक्रवाती वेग से करूँगा मन्थन
खींचूँगा स्तन
स्खलित हो फूट जाऊँगा झाग में
खींच कर तान दूँगा मध्याह्न

जन्म भर की पसीना-मस्ती
समेट लूँगा ट्रैफिक को थाम कर

11.

शान्ति के शिथिल जल में चप्पू चलाता
प्रकाश के बाद के अँधेरे में कोई
काट रहा है किनारों के बीच का अन्तर

ढलान पर याद आता है पहाड़ी के उस पार का अनुभव
सामने मैदान के सम पर आते हुए
सूर्यास्त जैसा हो जाता है मनुष्य

सागर स्तर तक पहुँचता है कोई
ऊँच नीच पीछे छोड़
देखता है लहरों का बालू से व्यवहार

गीला-सूखा करता रहता है लगातार सागर
जीवन का बदलता रहता है मौसम
इस संसार की तुम आड़ी रेखा

और उस पर प्रलय की बिन्दी

12.
मेरा प्याज चीरा जा रहा है
जिस चिरन्तन छुरी पर
उसकी तेज़ धार
मैंने भी नहीं देखा है अभी
मैं सिर्फ़ पहचानता हूँ
उसकी त्रिकाल छेदक सफ़ाई
और अपने कटे टुकड़ों को
उसमें रेखाओं के शंख-चक्र को

कदाचित यह आह्लाद की छुरी
ज़ख़्म करके खोलती है भीतर का नक़्शा
मैं स्वयं अपना साक्षी
उत्प्रेरक महज उसकी धार

13.
लिंगों के अदल बदल में
बनी रहती है उनकी गहमागहमी
परस्परता नहीं सुहाती उन्हें
फिर भी नहीं रह पाता एकान्त

कर्ता गिर जाता है कर्म से फिर भी
क्रियापद भटकता है दोनों के साथ
दीमक की बामियों से एलोरा तक
चक्राकार उठता जाता है मूक आनन्द

मैंने जो भस्म लपेटा है पूरे बदन पर
वह संवेदना की आग से निकली है
झटक दिया जगत चिमटा बजा कर
फूँक दिया अर्थ चिलम बुझा कर

हर गंगे गोदावरी मणिकर्णिके सरस्वती
मैं गोल पत्थर तुम नर्मदा
मेरे कोने गोल हुए
सतत प्रलय की तुम्हारी कामेच्छा से

चढ़ीं सब पर तुम्हारी उमड़ती जाँघें
चाँदनी ढुलकती रही रात भर
पिघल गया ढेले सा यह जग
स्वच्छ फैले तुम्हारे भयानन्द से

14.

सूर्य के श्वासोच्छ्वास से बदलते हैं
धरती के नजारे, लहरों के आकर्ष-विकर्ष में
मौसम के गति-पर्ण चमक उठते हैं

काल-काम-वेग का यह प्रचण्ड गणित
बूझे नहीं बूझता पर अनायास ही
उपजता है तुम्हारा न्यास, स्फुरित होता है बीजमन्त्र
नीले और लाल छोरों के उस पार का
सूक्ष्म और दीर्घ छटाएँ दिमाग़ के बीचोंबीच
बायें दायें के व्यवहार में गूँजती रहती हैं
मैंने यह जो खोजा है अब तक, वह रुचि
है नादातीत तीव्रता की,
जीवन भर की यह लत लगी है मुझे

वहाँ तुम्हारा दाना तना हुआ ऊर्ध्व
जिसमें भिड़ा हुआ यह जिह्वाग्र निर्भीक

15.

धर्म और अधर्म के दरमियान
जो अनाख्येय प्रकाशसन्धि है

उसमें से आती है शुरुआत की गन्ध
आख़िरी के बाद के मुक्त घुमश्चक्र से

पूरे जीवन का घी पीकर भी
छरहरी रह जाती है जो बाती
उसकी नन्ही ज्योत खोपड़ी के दीये से
मनुष्यत्व के उस पार तक डालती है अपना प्रकाश

बार-बार श्मशान से लौटती है संस्कृति
टुकड़े टुकड़ों में घटित होता है मरण, पुनर्जन्म
कोई बढ़ाता है जटा, कसता है कोई लँगोट

बाल मुड़वा कर करता है कोई मस्तक खाली

एक बिन झाँट योनि एक चमकता लिंग
एक बिन हाथ जोड़े नमस्कार
देव और देवी करते हैं सुप्त मैथुन
पत्थर पत्थरों में प्रकटता रहता है रक्त

16.
विकल्पों की टेकड़ी पर लोटता है
दयालु सायुज्यता का प्रकाश

पक्षियों को क्षमा करता है
आकाश का विदग्ध व्याकरण

शहर के क्षोभ पर शोभता है
नित्यता का शान्त गुम्बद

ख़ून, बलात्कार और लूट मार के जत्रे पर
एक उदास पताका लहराती रहती है

मेरे अर्थ की चीख़, अस्तित्व के थक्के
फैल कर भी कहाँ तक फैलेंगे?

मैं केवल तफ़सील हूँ
तुम्हारे अनाकार अनन्त रूप का

मेरे टेंटुवे पर तुम्हारे अमोघ नखाग्र
प्रत्यय सा मेरा घोंटा गया गला

17.
एक भँवरा कुरेदता है मेरे
मस्तिष्क में खिले कमल को

घना काला उसका तीक्ष्ण गुंजार
जन्मजात तम्बूरा माया का

हो कोई धुन या राग ओडव, षाडव,
सम्पूर्ण : उसकी तीव्र तार

लज्जित कर मेरे रक्त के महीन सुर को
सधी लय में भँवरा गाता है खर्ज के नीचे ख्याल

मस्तक खोद कर बाहर आते ही उसके
फलेगा जग भर मेरे मरण का केसर

तुम्हारी मूर्ति का कमल खिलेगा सर्वत्र
स्वर उतार कर हो जायेगा यह संगीत नंगा

18.
लगाया नहीं कभी अँगुली पर
वात्स्यायनी हिसाब
साक्षात से बाहर आया
यह एब्स्ट्रैक्ट देवालय

मूर्ति बिखर गयी, गर्भगृह शेष रहा
मुरझाई पूजा चौखट के बाहर

आद्य अस्तित्व की उग्रता को कभी
जँची नहीं संस्कारी अगरबत्ती

जहाँ सभी बादल जमा हुए
वहाँ प्रलय की भूमिति खुली

मैं रहा बाहर, अन्दर फला
वह दूसरा ही मुझ में मूल अधिकार

19.

तम्बाकू सा जीवन
मला हाथेली पर
अँगूठा वज्र करके

चूर हुई जर्द पत्ती
चूना हुई विपत्ती
मारा फाँक

गलफड़े में गाफिल
पृथ्वी का इतिहास
मनुष्य जाति का भविष्य

मसूड़ों के आसपास
अलख आलिंगन
दाँतों पर दाँत
शान्त

20.

जामुन के पकने में पेड़
करते हैं तेजस्विता का
गुप्त भाषान्तर

जड़ से टहनियों तक
एक मन्द आवेग में
समा लेते हैं पूरा विश्व
जामुन पकते हुए एक एक
पेड़ के पेड़ में
होता है रसाल पुनर्जन्म
जामुनपन का

तुम उलट देती हो
संज्ञा का माइक्रोस्कोप

क्षण क्षण में
फल फूलों की मगन घड़ियाँ
उगा कर और पका कर
अकाल अनन्तकाल की हदों से बाहर

21.
चड्ढी डाल कर तैयार किया हुआ अध्यात्म
बटन लगा कर सजाया हुआ चुस्त शरीर
नियम से बेंच पर बैठ कर बना
चूतड़ से लकड़ी का तादात्म्य

वहीं अगर बेलगाम हुए भी तुम कभी
तो तुम्हारे अंगों से निकलेंगे
सिर्फ़ कुत्ते बिल्ली या भूखे चूहे ही

हमने इनकार किया मन्दिर बनाने से
कि पत्थरों में क़ैद हो जायेंगे देव
और मुक्त हुए भक्तों को लगेंगे अपराधी
हमने ज़ाहिर नहीं किया अपना बलिदान

कहा नहीं ब्रह्म ठीक कहाँ डसता है
जमीन से आकाश तक बनाया गया कुआँ
बाल्टी में ही रह कर हम हो गये मुक्तात्मा

22.
सोऽ हंऽ हँसा! महासागर की ही मछली
वह मैं मैं वह अधर की ही भूमिति
अर्धार्ध दोनों ही जैसे दिन-रात
पूर्णविराम पर मैंने जोड़ा सारा अर्धविराम

बिजली की लाखों शलाकाएँ फूटती हुई
उठाती हैं भागांकुर से अनन्त रोमांच कम्प
जो स्पष्ट करती हैं भीड़ के मौन की
अनारम्भ तड़ित शाखाएँ उसके अक्ष को चौंधिया कर

कौन बायाँ कौन दाहिना
कौन कंगन कौन आईना
कौन भोगे कौन बुझे
सूरज क्या और जुगनू क्या

सर्प-कुण्डली सा यह आजन्म लोटना
अब आधार रहित सीधेपन में
सर्वस्व का यह घुल जाना
स्तम्भों को बेसुध करके

कहते-कहते यह तुम-मैं कहीं नहीं
इस उगने मिटने में

23.
सोये हुए पत्थर के बाहर खोदा हुआ
चौकस कन्धा सतर्क स्तन
मिटती रेखाओं में भी है घनता
पेट के नीचे एकत्र होते सभी विधान
और जंघाओं का सधा उद्देश्य
पहाड़ों से जुड़े हुए नितम्ब
जुड़े जन्म से यह जीवन्त प्रतिमा
जहाँ हाथ लगे उगे वहीं शिल्प
अधखुली पत्थर की आँखें
मिटते हुए पानी के स्पष्ट अर्थ
तुम पत्थर पर बनी रेख
मल्हार हुए निराकार के मेघ

24.
गुफ़ा में जा कर अवकाश का आकार गायें
अंगभर परस्परता के कोण उगायें
शुभ्र हो जाये अँधेरापन जुही के भार से

इन्द्रियों के कुंज में मधु मालती से रहेंगे
मधु होकर खुद अपने लिए छत्ते बनायेंगे
गुनगुनाते गुनगुनाते हो जायेंगे नष्ट

तीन निषाद में खोजूँ दो गान्धार में
रोकूँ बूँद बूँद दो ऋषभ में भीजूँ
मध्याह्न सी स्पष्ट मध्यम में सोऊँ
धुले धैवत की धार सर्वांग पर झरेगी

मिला कर षड्ज में अलग करूँ पंचम्
गुफ़ा में जा कर गाऊँ काल का अलंकार

25.
जीभ लगते ही पिघल उठता है प्रेम का गूदा
केश भरी समाधि में करता हूँ तुम्हारा शोध
चूसता हूँ सुख के मूल खाँचे को
डालता हूँ उसमें तने हुए बोध का प्रकट जवाहर

उस कुएँ में आनन्द की डोर नहीं दीखती
रहट के भय से घड़ा गहरे डूब जाता है
कोई अनादी पनघट खोलता है अपने होंठ
गहरे चुभुक गिरकर अबकाता है तर्क और ज्ञान

सुख के तर्कवादी महारथ को लाँघ कर
पानी में पानी से डोलता है प्रेम का घड़ा
रीत कर भी बरसते रहते हैं हम
प्यास जितना ही गहरा कुआँ खोद कर

26.
दिन रात को दो फाड़ करती धूप
घनता के इस छिद्र से
बिखरती है अनवरत कृपा
काल जिस दुखी ठौर पर दो तह में मुड़ता है
सभी मुहूर्त समान हो जाते हैं
आनन्द हुआ री! आनन्द हुआ!
दुखा मैं भीतर से ऋण चुकाने में
हुआ शुभ्र मैं कृष्ण से भी
समझने की व्यथा भोगते तम-तल से
दिन-रात दो फाड़ होकर हुए शुभ्र

दशों दिशा में एक यही घाव
एक यही सुख है।

***

पंढरी* : कवि ने इस पंक्ति को यूँ लिखा है–
"झालो पांढरा पंढरीहून"

---

* पांढरा का अर्थ सफ़ेद होता है। पंढरी पंढरपुर में कृष्ण के रूप में स्थापित विट्ठल को कहते हैं जिनकी मूर्ति काले रंग की है। यहाँ पांढरा का पंढरी के साथ प्रयोग लक्षणा के लिहाज से अद्‌भुत है। कवि कहता है कि मैं पंढरी से भी पांढरा हो गया!

खण्डोबा

('खण्डोबा'; एकूण कविता 1, पृ. 75)

हृदय में गायब हो चुका
पर्वत
हृदय का ढक्कन खोल कर
बदला जा चुका रक्त और वायु का प्रवाह
हवा से हवा में लीन हुई शिल्प की सरसराहट
सीसम की स्त्रियाँ शुभ्रता की रतिक्रिया
व्याकरण के झोले में आनन्द से घायल हुई
जमा दर्शकों की भीड़
नहीं समझ पाती अपना ही उठा हुआ शिश्न
ईसाई दया के कॅथीड्रल और
बौद्ध वेदना के पत्थरबन्द स्तूपों में
जो अँट नहीं पाता
वह असभ्य आवारापन
पलक झपकते ही अपनी भेड़ों के साथ पहाड़ों के पार निकल चुका
आदिम चरवाहा
कन्धों पर कम्बल डाले
सावन के बादलों सा
पेरिस की रात में
तुम मोंपार्नास स्टेशन के वेटिंग रूम में पाओगे
सोता हुआ बेरोज़गार सर्दियों में
और एक लाल बाज
अपने पंख फड़फड़ाता उड़ता हुआ
आयोवा नदी के बर्फ़ीले एकान्त में
पटना में देखे हुए गंगा के प्रतिबिम्ब में
तुम्हारी जीवनी धुलती हुई चिताओं के धूम्रवलयों में
और तुम्हारी इन्द्रियों पर जड़े होंगे लाखों छिद्र
जैसे आँखें अवकाश में अपने दंश गड़ा रही हों
असमतल परिप्रेक्षों के अधीर रोदन में

फोड़ती हुईं दर्शनों के असाध्य फोड़ों को
तब वे सारी स्त्रियाँ मिल कर तुम्हारे लहूलुहान दिमाग़ का पान करेंगी
वे ग्वालिनें बन जायेंगी
वे हताशा के दूध में नहलायेंगी तुम्हें
तब कोई माया मानवीय दया का दूध नहीं उड़ेलेगी तुम्हारे अकेलेपन पर
तुम एक नग्न कृष्ण हो जाओगे पिघलते पिघलते
सूक्ष्म से सूक्ष्मतर निरन्तर
क्योंकि वैकल्पिक कोई शरण नहीं होगी तुम्हारी
तुम्हारे खानदानी प्रलय में
और यादवों के भ्रातृ संहार में भी
तुम्हारे पैर का अँगूठा
जो हमेशा दीखता था घास चरते हिरण के मुँह सा
जबसे तुम पालने में थे
फिर टालोगे कैसे तुम
उस शिकारी का ब्रह्माण्ड से तना हुआ
अमोघ बाण?

सिन्दूर
सना पत्थर
तुम्हारे भक्तिपूर्ण नमस्कार की राह तकता है
व्हेल और डॉल्फिन
तुम्हारी राह तकती हैं
पानी के मन्दिर में
मन्दिर जितनी आँखों से
देवता जितना दृश्य
तुम्हारी राह तकता है एकटक
सारा आकाश
निगल जाने को उत्सुक देखता है तुम्हारे छटाँक भर के अस्तित्व को
कभी भी निर्मनुष्य ना होने वाली भाषा
तुम्हारे आने की आहट को सुनती है
हे ग्यारहवें दोगले अवतार
कुम्भ राशि के घड़े में भ्रूण से बढ़ते हुए
नक्षत्रों को रच कर रख चुके आगामी प्राचीन
रहस्यों के वंशज
हे लिंगविहीन अँधेरों के द्विदल गुणसूत्र
जग को नहीं चाहिए अपना नक़्शा
अब पृथ्वी का पृष्ठ उलट दो

और डाल दो अपना लंगर उसके कौमार्य में
उसके कपाल पर तिलक लगा दो
शब्द का

क़त्लखाने कोठे टँगे हुए बकरे
गुर्दा अंडकोष भेजा कलेजा सीना और पाया
कॉन्सेंट्रेशन कैंप के तेज़ इत्र
कंकाल से ज्यू चेहरे, मरी हुई आदिवासी लड़कियाँ
जनाजा उठते ही बुर्का फाड़ कर रोती हुई माँएँ,
रात में दोनों तरफ़ की ख़ुली खिड़कियों से
एकटक खाली रास्तों को देखते लोग
फाँस पर लटका मेंगिस्तू
हायले सेल्लासी को देख कर मुस्कुराता हुआ
और बाद में ख़ुद ज्यूडा का सिंह
सॉलोमन और शीबा का वंशज
म्युनिसिपॅलिटी के उठाये गये कुत्ते की तरह :
गीऑर्गिस, पेत्रोस, पाव्लोस, सेल्लासी,
तेक्ले हैमानोत, मरियम ये सभी
धुन्ध में घुल चुके चर्च
पुनः उगे धुन्ध से मॉस्को में
1980 के अप्रैल में
मसाले भर कर सुरक्षित रखे लेनिन के शरीर
और कब के मर चुके आदम के
पापों के प्रायश्चित्त के लिए सूली पर चढ़े
क्राइस्ट की तरह
मराठी कवि सदानन्द रेगे की खोपड़ी सी
वह क्यीव के भूमिगत मठों तक सुरंग
और उसमें भिक्षुओं के कंकाल
बुद्ध की मुँदी आँखें
पानी में मछली की तरह खुली आँखों से सोती
करुणा के महासागर में

तुम सरसरा नहीं सकते पेड़ होकर
ना ही बकरी होकर घास चर सकते हो
गुनगुना नहीं सकते मधु का ज्ञान ले कर
पंगु पाण्डव
पीठ पर लाद नहीं सकते तुम द्रौपदी

और फाँद नहीं सकते
इस संस्कृति जितने पहाड़ को
यह गल्प यह समस्या
यह जन्मोजन्म की लार
यह लय यह लास्य यह प्रास
यह विकल्प यह आनन्द यह दास्य
दिमाग़ का यह विलासी प्रयास
सम्पूर्ण क्रमिक विकास को नकारता
यह व्यभिचारी तराना
तोम देरेना तनन तन देरेना
पत्थर पर खोदता तनुमध्या
उसका कृश पेट और उस पर गालों के गड्ढे सी नाभि
उसकी योनि का समद्विभुज त्रिभुज
उसके उठाव का ऐन अष्टभुज
और काला आर्ग्यूमेण्ट
चरागाह सा नवोढ़

तुम बिखरते नहीं जा सकते
ग्राँ प्लाँ के घूँटों की तरह
हंगेरियन घोड़ों के सूर्यास्त की तरह
स्पॅनिश गिटार की गति की तरह
त्रिताल के चक्रदार की तरह
पे शिऑन लिआँग की यादों की तरह
सखेद आश्चर्य के समाधान में

प्रश्नचिह्नों के मैथुन की तरह विपरीत आसन में
पत्थरों को सहलाती छेनी अब तुम्हारे पास नहीं है
तुम्हारे पास नहीं है शैतानी शब्द चातुर्य
वह महीन और पाशवी मृदुलता
नर मादा की गुत्थमगुत्था रतिक्रीड़ा का
पारमार्थिक सौष्ठव
अभी तुम हो स्त्री/परिवार के झमेलों से दूर
एक छुट्टे साँड़
आशीर्वाद के लिए उभरे हुए
तेजस्वी फन के तले
तुम्हारा ख़त्म नहीं हुआ है वंश, धर्म, आकार
तुम्हारा ख़त्म नहीं हुआ है लिंग और शरीर

भाषा की तरह सजीव
और निरवयव होते गये तुम
सचेतन त्वचा के विस्तार की तरह
अपने ही रन्ध्रों के भीतर कोमल-मन्द्र-सान्द्र
रन्ध्रों पर गरजते नक्षत्रों में
खण्डोबा
हृदय में ग़ायब हो चुका पर्वत
ढक्कन खोल कर

खम्भे खम्भों के देवालय
देवों का अरण्यपन सम्भालते
पेड़ों का अनुकरण करते

हमारे पेट पर गद्य है
तो पीठ पर कविता
इसलिए पिछले ही पढ़ सकते हैं
पेट पीठ का अपना तारतम्य
और यह तरल शोक
वे देख सकते हैं पूर्वजों की आँखों में
एक एक कर रीतती हुई बारिश में
तटस्थ रसिकता में
पर हमारे होने का
अपनापा और हमारा होना
चक्राकार प्रक्रिया सा
हम ही अनुभव करते हैं
अपने ही काल में
अब मैं जा नहीं सकता इतिहास के बाहर
अब मैं जाना नहीं चाहता पुराणों के बाहर
सिर्फ़ संगीत जैसे फूलते हुए वृक्षों सा
अनिवार्य शान्ति का स्पर्श करते हुए
शून्य में आकार वश करते
जड़ों से सौहार्द बना
कि जैसे पतझड़ में
फिर उसे फॉल कहें या ऑटम
और क्षणार्ध में निष्पर्ण होता
खड़ा उत्सव में
निश्चल होकर।

खण्डोबा
हृदय में ग़ायब हो चुका
पर्वत
कपाट खोल कर बिखेरा गया भण्डारा
कऱ्हे पठार पर देखा हुआ
बॉडेंजी का सरोवर
एल्प्स की ढलान
उत्तान ज्योति
हथेलियों तले
भीगी बाती के सिरे पर

और विश्वामित्र नदी के किनारे
खड़े हैं वही शमी, वही पीपल
वही इमली
1956 की बारिशों में
तीव्र खारी हवा समुद्र से आती हुई
भर दुपहरी
रात जितनी एक ओट
मेरी जंघा पर तुम
जलती धूप सी नासिका रन्ध्रों में व्यापती हुई
आलिंगन के देवघर में
और 1960 के मध्य में
इतिगे हॉटल में पके सेबों की महक
जन्म लेने वाले बालक की चुहल
चिलालू पर्वत के ढलानों पर दीखता
ज्वाई सरोवर
और हिप्पोपॉटमस सा सन्तुष्ट मैं
निसर्ग की कीचड़ से
पुनः मुम्बई की गोद में दीखने से पहले

चर्चगेट स्टेशन के पास शाम के समय
हम कौन हैं यह भूल
चकित होकर देखी गयी एक ही दिशा में जाती हुई वह भीड़
1947 में गाड़ियों पर लदी निर्वासितों की
गाँधी जी की हत्या
कैम्पों में सिन्धी स्त्रियाँ
सरसों के तेल की बासी महक

खुल कर बन्द होते दरवाज़े
एसिटेलीन की चिमनियाँ और ठेले पर
नकली लाल रंग के काबुली चने
रस्सी पर पसरे हुए ब्लाउज और लहँगे
ये भी लॉस एंजेलिस
वेनिस में चिकानो रेस्त्राँ में
एन्विलादा खाते हुए याद आये बँटवारे के
संघवाले, लीगवाले, सिंधी, सरदार, बंगाली,
ढाबे पर रगड़ा पॅटिस खाने वाली
नायलॉन साड़ियों में मोटी औरतें
हार्मोनियम पर भजन पेट पर चाबियों का गुच्छा
चौपाटी पर भूखे और चरते हुए लोग
ऑर्गेज्म के अनुभव से वंचित
मवालियों की आँखें और
अतृप्त लड़कियों औरतों की सांस्कृतिक भीड़
चॉल की टंकी की ओट के इर्दगिर्द से
लन्दन के पार्क में कॉन्डोम के झरे पत्तों तक तना हुआ मैथुन
हेमन्त ऋतु सा ओतप्रोत एक उजाड़
खजुराहो के पत्थरों से घुलता मिलता एक प्रकल्प

हमें प्रोग्राम दो
प्रोग्राम दो धारावी की तरह
झोपड़पट्टी साफ़ करने का या
बाख के छठे ब्राँडेनबुर्ग कॉचेर्तो सुनते हुए
बर्लिन की दीवार जाँचने का
ब्राजीलियन वेश्या की ब्राँज त्वचा उधेड़ कर
सेक्स की संगिनी घुसेड़ने का
हमसे पढ़वा लो
पुलिस कस्टडी में हेगेल
अँधेरी कोठरी में मार्क्स
और हरे मकानों के ऊपरी मंज़िले पर रंगे मुँह से
पातंजलि का योगसूत्र
हमें सिखाओ मुम्बई में ट्राम की पटरियों पर
जीवनानन्द दास
और रेडियो स्टेशन के सामने मर्ढेकर
हमसे पढ़वा लो
एज़रा पाउण्ड के कैण्टो

रामशास्त्री प्रभुणे का करारा न्याय
धुलवा लो हमसे
मोरोपन्त की धोती, मायकोवस्की की पैण्ट
बादल पहनी हुई
चलवा लो स्टडी सर्कल
वास्तव की व्यवस्था के लिए
दरबारी का मुश्किल ख़याल सिखाने के बदले
रियाज करते करते टी बी से ग्रस्त हुए
बैठक के पहले ही मरे गायकों की लिवा लो क्लास

और दारू के ठेके पर चालू रखो गिलास स्ट्रगल
कंट्री और ह्विस्की के बीच वर्ण युद्ध
हमें वियतनाम में प्रेत दिखाओ
मतलब परिचितों की मृत्यु दीखेगी नहीं
हमें साइबेरिया या कैलिफोर्निया ले आओ
घुमा लाओ
मेम्फिस, टेनेसी से या वाई से
या दिखाओ रुबेन्स की
भरी पूरी नग्न गुलाबी स्त्रियाँ
रेम्ब्राँ की सूचक कालिमा के बदले
सुनाओ फ्रेंच कविता
वॉयलिन कोंचेर्तो
दिखाओ यूरोप के रस्ते
सूरत, भड़ूच, अहमदाबाद, राजकोट
नासिक, कोल्हापुर
भोली मृत्युंजय छाँहों
चमकती आँखों की छवियों
जंगल के भालों अदृश्य तरकशों
मेरी भाषा पर नुकीला स्पर्श करो
फिर मैं पानी सी बहने वाली हवा में
पारदर्शक चप्पुओं से लहरों में लहराता जाऊँगा
बाँसुरी बजाता मैं नाग के फण के तले
पर्वतों की छाँह में
घण्टों के कोरों पर आन्दोलित होता शिवलिंग
पीतल की माया का झनझनाता निनाद
हथौड़ों की चोट सा ताल धरता
जिह्वाग्र को भेदता टिका हुआ स्वाद

इस समग्र देवल का देवलपन
गर्भगृह का नयापन नृत्य की फ़र्श पर उगी घास
रक्त का रक्तपन सिर्फ़ पन
बारिश का बारिशपन पूर्ण उत्तान
स्वर्ग का उफान लिफ़ाफ़ा खोल कर
देखा हुआ
नाग का नंगापन

खण्डोबा
हृदय के कपाट खोल कर
ग़ायब हुआ एक पर्वत
और नीले छिलकों का एक नक्षत्र
कछुए की पीठ पर
येळकोट का गहरा पीलापन
भव भुवन ही हो चुका भण्डारा
अब मैं कैसे जाऊँ
खुद ही खोले गये समुद्र को तैर कर
तरानों की लहरों पर
घरानों की भाषा के उस पार
ख़याल के परे तूफ़ानों में
खण्डोबा
यह खोखलापन ही है पर्वत
नुकीलेपन से
घनता को स्पर्श करता
नागफनी सा डंक मारता
कँटीले आनन्द में
समाधि लगाये

हॅल्डर्लिन की मीनारों पर नहीं जाती
काले अरण्यों में दौड़ती रेलगाड़ी की
खिड़की से मैंने देखा उसकी दौड़ती आँखों को
स्तब्ध दृश्यों की ढलानों पर
और मैंने देखा चरागाह कारुण्य सा ठण्डा हरा
और कैंसर सी खोदी गयी खदानें
मद्य मांस मुद्रा न्यास
अधीर अधरों से मणि
बुद्ध का ऐरावत स्मित

और उसकी अधमुँदी पलकें
आग का कुण्ड
हाथियों का झुण्ड
मदमस्त देह की ऐंठन
और आँखों समेत घुलती दृष्टि
हे रखवाले कुत्तों सी भावनाओ
ख़याल रखो मेरे विचारों की बकरी का
मेरे तर्क की भेड़ों का
मेरे इस झुण्ड की प्रवृत्तियों का

खण्डोबा
साबित हो गया तुम्हारा पत्थरपन
हृदय में अन्ततः उगने वाला
मृत्यु का असह्य विराम
सहनशक्ति के उस पार है वही है ब्रह्म
हम सिर्फ़ बजाते हैं चिमटे
और पर्यायों के पियानो
खर्जों में कबूतरखाने
सिम्फॅनिक बाज की आहट मिलने लगी
मादा पक्षी पर चढ़ा हुआ नर पक्षी
और भय के सम्भोग का लस्सा
गेहूँ की फ़सल पर आती है बसन्त ऋतु
गर्मी में पक के मीठे होते हैं अँगूर
लेकिन वह ऑटम का मेपल वृक्ष
वह रोती हुई विलो वृक्ष की टहनी
निश्चल जल में सतह को भेदती प्रतिबिम्ब होकर
मेरी ही आईना हुई स्मृति

खण्डोबा
नाग की कान्ति की कालिमा
उसके अंगों की काली भुसभुसी माटी
नग्न जुताई के लिए
दो बैलों के बीच पीठ मोड़े हुए
और मध्य प्रदेश में मील के पत्थर पर
लाल घाघरे में बैठी स्त्री
उसके पैरों से ऊपर चढ़ती
त्वचा पर बैठी अपठ धूल

पोटली से पेट तक का घाट
दो जाँघों के बीचोंबीच तलहथी जितना गेहूँ
ऊपर मन्दिरों से घनघोर स्तन
उसके होठों की आड़ में जिह्वाग्र
उसकी नासिका रन्ध्रों में लोबान
उसकी आँखों में धधकती ज्वाला
उसके केशों में रात भर की बिजली की चमक
ओझल हुई क्षण में नज़रों के समक्ष

और एक हंगेरियन पहाड़ी पर
अप्रैल की घास पर टुल्ल होकर
मैंने बादामी आँखों से खेल खेला
जंगली घोड़ों की सरपट दौड़ों की महक के
खाल पर खाल मलते
अयाल के केश धूप की तरह
गरम होते
चेहरे पर चेहरे का स्वाद घुलता हुआ
गाफिल
खण्डोबा
ढक्कन खोल कर जा रही है यह फूटती धार
हृदय के उस पार पर्वत पर
और दीखते हैं मुझे
नकार की शृंखला के असंख्य पत्थर
चाँद के पिछले भाग की तरह
तुम्हारे शिलालेख

बार्टोक का कोंचेर्तो फॉर ऑर्केस्ट्रा
मेरी तलहथी के एम्फीथियेटर में
और बीचोंबीच कण्डक्टर की तरह
एक स्तनाग्र
बैटन उठाये
डेन्यूब नदी के पानी में
आक्रमणकारियों के प्रतिबिम्ब का छाप उठाते हुए
जैसे बम फूटा हो हर माँ के हृदय में
वैसे ही वह जन्मी थी
अपनी ही योनि के इतिहास समेत
और मैं सुन रहा था

षांडोर वोरिष की ही आवाज़ में
जयदेव का गोविन्द छन्द
मध्य अरण्य में बाँसुरी की तरह
अंगूर के गुच्छे पीता हुआ

शिवलिंग पर कुण्डली मारती
ऐण्डीज की ढलानों सी जाँघें
अमेजॉन की पाशवी मूसलाधार
और मूरखपन में
मेरे अपार्टमेण्ट की खोखल में
यिन ताओ में घुसता मेरा शिश्न
ब्रह्माण्ड की शर्मगाह खोल कर
अफ़ीम सा फुँफकारता हुआ एकान्त
रहस्यमय कन्द में पकता हुआ खसखस
मैं चाटता हूँ लहू के कटहली कोए
मैं चूसता हूँ पके हुए आम
एक लड़की स्कर्ट ऊपर उठाती है
और मुझे दीखता है सिर्फ़ आकाश
खुली खोखल में अदृश्य हुए
खण्डोबा का

स्टेशन के पीछे स्टेशन पीछे छूटता है
जैसे ही शब्द ठहर जाते हैं
हम रोके जाने पर जानते हैं
दिक्काल के स्क्रू की आमरण पेंचों को
एक दूसरे में पद्मासन डाले हुए
निश्चल युगल की
सुनाई पड़ती रतिक्रिया का
झंकारता झरना
वीणा पर गोटों सा उतरता
आग्रही अवरोह
हृदय का ढक्कन खोल कर
अपने ही पंख मिटाता
दोनों हाथों की चोंच में
होता सूर्यास्त
तुम्हारी हवा सरीखा निर्वेग

मैं मोर की तरह फैलाता हूँ
एक सदी के दुखों के पंख
और थै थै नाचता हूँ
मेरे रोदन जितने नीलेपन में
आनन्द में चमचमाता
खण्डोबा
विठोबा
यह संसार जितना ही अखण्ड महाकाय पाषाण
बन जाता है मेरा मूल मन्दिर
और लेखन

दिलीप चित्रे ने सन्त ज्ञानेश्वर और सन्त तुकाराम की कविताओं का सघन और सार्थक अनुवाद किया है और इस काम में उनकी पूरी ज़िन्दगी खप गयी। जीवन का चालीस साल रचनात्मक दृष्टि से एक पूरा जीवन काल ही है।

कविता का अनुवाद उस कविता की कोशिकाओं में उतरने को बाध्य करता है, उसकी हरारत को महसूस करवाता है। अनुवाद करते हुए अनुवादक एक-एक शब्द की तह में घुसता है, उस पूरे परिप्रेक्ष्य और सन्दर्भ का अध्ययन करता है जिसमें वह कविता सम्भव हुई है, उसमें निहित विचारों, दर्शन और देश काल की सामाजिक-ऐतिहासिक और मनोवैज्ञानिक अन्तर्धाराओं का अध्ययन कर उस पर चिन्तन करता है और तभी वह उस कविता के मर्म में उतर पाता है। जब वह बाहर निकलता है तो उसकी देह पर उस कविता के पराग कण चिपके हुए होते हैं कालान्तर में कहीं किसी अनजाने अनायास क्षण में निषेचित हो जाने के लिए!

वह उसी कविता को अपने ढंग से पुनर्सृजित करता है। अनुवादक यदि ख़ुद कवि हो तो उस अनुवाद पर उसकी अपनी शैली का भी असर होता ही है। लेकिन यह एकतरफा प्रवाह नहीं है। अनुवादक का कवि भी जाने-अनजाने मूल काव्य के तत्त्व और उसके प्रभाव को ग्रहण कर लेता है। और यह सब ऐसे होता है जैसे किसी रसातल के अँधेरे में चट्टानों की खोह में किसी गहरे ताल में बुलबुले उठ रहे हों और किसी को पता भी न चले कि कहीं ऐसा कोई ताल भी है जहाँ यह सब हो रहा है!

दिलीप चित्रे के सम्पूर्ण कवि व्यक्तित्व पर सन्त ज्ञानेश्वर और सन्त तुकाराम की काव्य चेतना, उनके जीवन दर्शन और उनकी शैली का गहरा प्रभाव है। खुद दिलीप चित्रे सन्त तुकाराम को अपना काव्य गुरु और सन्त ज्ञानेश्वर को अपनी प्रेरणा मानते हैं। उन्होंने स्पष्ट शब्दों में घोषित भी किया है कि वे सन्त ज्ञानेश्वर और सन्त तुकाराम को अपना पूर्वज मानते हैं। इन बातों को उद्धृत करना इसलिए आवश्यक लगता है कि प्रायः समीक्षक उन्हें अस्तित्ववादी कवि मान लेते हैं। जब हम अस्तित्ववाद कहते हैं तो सहज ही उसे पाश्चात्य दर्शन का Existentialism मान लिया जाता है जो जीवन को एक पार्थिव अस्तित्व के रूप में देखता है और उसकी व्याख्या देह और 'जीव' के स्तर पर भय, कुण्ठा, हताशा, उन्माद आदि के संवेगों को महत्त्व देते हुए करता है। जीवन बस देह तक ही सीमित है और इस जीवन में दुःख है, भय, कुण्ठा, संघर्ष, विषय, आह्लाद और उन्माद हैं। इसी आधार पर व्यक्ति का व्यक्ति से सम्बन्ध बनता है। 'स्व' का 'अन्य' से अन्तःसम्बन्ध असुरक्षा बोध से पैदा होता है, आदि। कुल मिलाकर, पाश्चात्य दर्शन जीवन को उसकी ऐहिकता और सीमितता में देखता है। इसे भारतीय दर्शन 'जीव भाव' कहता है और जीवन का पूर्णत्व उस आत्मसाक्षात्कार में देखता है जहाँ वह 'जीव भाव' से निकल कर 'आत्म भाव' में अवस्थित हो जाता है और उसी 'आत्म भाव' में 'परम आत्म' से एक हो जाता है। यहाँ जीवन सिर्फ़ देह में और देह तक नहीं रह कर देह के बाद और उससे परे भी होता है। दिलीप चित्रे की कविताओं में 'देह में', 'देह तक' और 'देह के पार' के अनुभव बहुत तीक्ष्णता से आते हैं और वे उस अनुभव के पोर-पोर में घुस कर उसे बहुत शिद्दत से जीते भी हैं लेकिन उनका जीवन बोध सिर्फ़ देह की सीमाओं में ही क़ैद नहीं रहता,

वह उस अनुभव की सूक्ष्म से सूक्ष्मतर अवस्थाओं में उतरता हुआ दैहिकता के पार उसके निर्गुण में चला जाता है। कह सकते हैं, वह बोध ज्ञानेश्वर के 'चिद्विलास' की दिशा खोजता नज़र आता है, उस 'आदि स्पन्द' में धड़कना चाहता है। उन्होंने जीवन की पीड़ा, घुटन, सन्त्रास, भय और आनन्द की स्थितियों का जो वर्णन किया है, वह वारकरी काव्य परम्पराओं से सीधा निकल कर आता है। वारकरी सन्तों के लिए जीवन कष्ट, घुटन और कुण्ठाओं, समस्याओं का उलझा हुआ जाल है जिसमें होते हुए हर क्षण वे विट्ठल से संवाद रत रहते हैं। यह भी एक तरह से भारतीय अस्तित्ववाद है। फ़र्क़ सिर्फ़ इतना है कि सन्त कवियों की तरह दिलीप चित्रे ईश्वर में अपना पूर्ण विराम नहीं खोजते हैं। वे उसे इसी जीवन के बीचोंबीच खोजते और सिरजते हैं। सन्त ज्ञानेश्वर का विश्वबोध और उनकी काव्य चेतना जहाँ एक ओर दिलीप चित्रे की कल्पना का विस्तार करती है वहीं सन्त तुकाराम की सहज, आत्मपरक, तीव्र और प्रांजल कविता उनका काव्य व्यापार रचती है। ज्ञानेश्वर और तुकाराम का मिलाजुला प्रभाव उन्हें अनुभव की तीव्र-मन्थर लय-गति में अवस्थित कर वहीं से उनकी कविता प्रक्षेपित करता है जो तुकाराम, या यूँ कहें कि वारकरी शैली में आत्मकथन की शैली की कविता देता है। इन्हीं प्रभावों में वे स्त्री-पुरुष सम्बन्धों में मैथुन भाव को आदिस्पन्द के प्रभाव स्वरूप ग्रहण कर उसे प्रकृति-पुरुष के रूप में पाते हैं और उसी के जरिये प्रेम या किसी सहज सम्बन्ध की उत्कटता के पार निकल जाते हैं। लेकिन इसी बिन्दु पर यूरोपीय प्रभाव उन्हें ईश्वर केन्द्रीयता से बचाता है और वे जीवन को देह के स्तर से, देह की आँखों, देह के मन और देह की बुद्धि से देखते हैं जब कि सन्त कवि देह के स्तर पर नहीं वरण आत्मा के स्तर पर जीवन को देखते हैं।

देह की ही तरह मृत्यु भी दिलीप चित्रे की कविताओं का अहम विषय है। जीवन की ही तरह मृत्यु भी उनके लिए देह पर घटने वाली एक घटना है जो पीछे छूट गयी ज़िन्दगियों को प्रभावित करती है। ख़ुद मृत्यु उनके लिए अन्त का भयानक उद्घोष तो है लेकिन मृत्यु के पार मृतक किसी और रूप में है, यह छवि उनके भी मन पर आती रहती है। यह कल्पना उन्हें पश्चिम की मृत्यु सम्बन्धित आधुनिक अवधारणा से अलग कर देती है। वे मृत्यु के पार निकल कर मृत्यु के अस्तित्व को नहीं नकारते हैं बल्कि वे मृत्यु में घुस जाते हैं। उसमें उतरते हैं और उसका शोध करते हैं। मृत्यु के प्रति यह दृष्टिकोण उन्हें पश्चिमी अस्तित्ववाद और सन्त कवियों के जीवन बोध का एक घुला हुआ रहस्य देता है। एक ऐसा रहस्य जो भयावह प्रतीत होता तो है पर आकर्षक भी है और जिसमें जान बूझ कर वे उतरना चाहते हैं। दिलीप चित्रे की काव्य चेतना मृत्युबोध के खोल के भीतर ही जीवित रहती है। वह कभी उस बोध से टकरा कर लौट आती है, तो कभी उसे फाड़ कर उस खोल के उस पार चली जाती है। लेकिन वह जो भी करती, सोचती और महसूस करती है, उसमें मृत्यु एक छाया की तरह उसे आक्रान्त किये रहती है।

यही है दिलीप चित्रे की कविताओं की अन्तर्भूमि जिसकी गीली गुलगुली सतह पर उनकी कविता का बीज पड़ा है। सन्त ज्ञानेश्वर और शैव दर्शन के शिव, प्रकृति-पुरुष, कविता का चिद्विलास, आदि स्पन्द, उसकी लय, वारकरी सन्त परम्परा का निरतेज और कष्टों से भरा जीवन, उसकी कविता का आत्मकथ्यात्मक रूप, भारतीय परम्पराओं की सर्व स्वीकार्यता और यूरोपीय जीवन दर्शन में व्याख्यायित मानवीय स्थितियाँ, इन सभी के 'घोल' से पैदा होती है दिलीप चित्रे की कविता।

आप इस पुस्तक को पढ़ते हुए यहाँ तक आ चुके हैं। अब आपस आग्रह है कि इस 'घोल' को ध्यान में रखकर दिलीप चित्रे की कविताओं को फिर से एक बार पढ़ें। यकीनन, इस बार वे कुछ और अलग मायने ले कर आपसे मिलेंगी। धन्यवाद।

❑❑